Karl Schaumburg

Die Farce Patelin und ihre Nachahmungen

Karl Schaumburg

Die Farce Patelin und ihre Nachahmungen

ISBN/EAN: 9783743424456

Hergestellt in Europa, USA, Kanada, Australien, Japan

Cover: Foto ©Thomas Meinert / pixelio.de

Manufactured and distributed by brebook publishing software (www.brebook.com)

Karl Schaumburg

Die Farce Patelin und ihre Nachahmungen

Die Farce Patelin und ihre Nachahmungen.

DISSERTATION

ZUR ERLANGUNG DER DOKTORWÜRDE

BEI DER

PHILOSOPHISCHEN FAKULTÄT DER UNIVERSITÄT LEIPZIG

EINGEREICHT VON

KARL SCHAUMBURG

AUS HIRSCHRODA.

Separatabdruck aus der *Zeitschrift für neufranz. Sprache und Litteratur*,
hgg. von H. Kœrting und D. Behrens.

Oppeln und Leipzig.
Eugen Franck's Buchhandlung (Georg Maske).
1887.

VITA.

Karl Gustav Albert Schaumburg wurde am 1. März 1861 zu Hirschroda in Thüringen geboren. Nach dem Tode seines Vaters besuchte er einige Jahre die Bürgerschule in Dornburg a. d. Saale, welche er Ostern 1873 verliess, um in die Sexta der damaligen Realschule I. O. zu Erfurt einzutreten. Ostern 1882 erhielt er auf genannter Anstalt das Zeugnis der Reife und begab sich nun auf die Universität Leipzig, wo er sich dem Studium der neueren Sprachen widmete. Diesem Studium hat er bis jetzt obgelegen und behufs desselben die Vorlesungen besonders der Herren Biedermann, Ebert, Heinze, Kœrting, Masius, Settegast, Wülker, Wundt, Zarncke besucht, denen allen er für vielfache Anregung und Förderung zu lebhaftem Danke sich verpflichtet fühlt.

Ich fühle mich gedrungen, auch an dieser Stelle Herrn Dr. Reinhold Köhler, Oberbibliothekar der Grossherzoglichen Bibliothek zu Weimar, sowie der Wohllöblichen Kgl. Bibliothek Dresden meinen aufrichtigen Dank auszusprechen für die Beillligkeit, mit der sie mir zu meiner Arbeit nötige und auf der Universitätsbibliothek nicht vorhandene Bücher zur Verfügung gestellt haben.

Einleitung.[1]

Wie das fünfzehnte Jahrhundert in sprachlicher Beziehung den Übergang vom Alt- zum Neufranzösischen bildet, so weist

---

[1] Verzeichnis der bei dieser Arbeit benutzten Bücher:

Brueys et Palaprat, Œuvres choisies, Paris (Didot) 1811. II.
Connibert, Comœdia nova quæ Veterator inscribitur alias Pathelinus. Parisiis, Guillelmus Eustace, 1512. Wieder abgedruckt von Colinæus 1543.
Dickmann, Maistre Pierre Patelin, essai littéraire et grammatical. Programm der Gelehrtenschule des Johanneums, Hamburg 1875.
Domenichi, Facetie, motti et burle. Venetia, appresso Domenico Farri 1584.
Geiger, Reuchlin, sein Leben und seine Werke, Leipzig 1871.
Génin, Maistre Pierre Patelin, texte revu sur les manuscrits et les plus anciennes éditions, avec une introduction et des notes. Paris 1854.
Gervinus, Geschichte der deutschen Dichtung, Leipzig 1853. II.
Gœdeke, Grundriss zur Geschichte der deutschen Dichtung. Hannover 1859.
Gottsched, Nötiger Vorrat zur Geschichte der deutschen dramatischen Dichtkunst. 2 Teile, Leipzig 1757 und 1765.
Grazzini, L'Arzigogolo. In Firenze 1750. Tomo IV° des Teatro comico Fiorentino.
Grimm, Essays, Hannover 1859.
Henno, comœdiola rustico-ludicra a Joanne Capnione Phorcense, Magdeburg 1614.
Jacob, Maistre P. Patelin, suivi du Nouveau P. et du Testament de P., farces du 15e s. Nouvelle édition, Paris 1859.
Journal des Savants 1855 u. 1856 (Aufsätze von Magnin).
Klein, Geschichte des Dramas, Leipzig 1866, IV.
Littré, Histoire de la langue française. II.
Mone, Schauspiele des Mittelalters, Karlsruhe 1846.
Revue critique 1884. II.
Sachs, Hans, hgg. von A. v. Keller für den Stuttgarter Litt. Ver. VII.
Wagner, Eine hübsche deutsche Comedi, die da leret das untrew seinen eigen Herrn schlecht, Frankfurt a. d. Oder 1547.
Wickram, Das Rollwagenbüchlein, hgg. v. Heinrich Kurz (VII. Bd. der Deutschen Bibliothek).

es auch auf litterarischem Gebiete Erzeugnisse auf, die einerseits formell für die vollendetsten der mittelalterlichen Poesie gelten können, andererseits aber auch als das erste Glied in der Entwickelung der modernen Litteratur angesehen werden müssen. Aus dem Bereiche der dramatischen Poesie und insbesondere dem des Lustspiels ist hierfür als glänzendes Beispiel die *Farce vom Advokaten Patelin* anzuführen. Vortrefflich sowohl in der Führung des Dialogs, als auch in der wahrhaft modernen Komik der Situationen, ist sie in jeder Beziehung musterhaft. Sehr treffend sagt darüber Génin in der Einleitung zu seiner Ausgabe dieser Farce: *En outre de la verve comique et de l'esprit de mots, l'auteur possédait à un degré peu commun, même aujourd'hui, l'entente dramatique, l'art de faire rendre à une situation tout ce qu'elle renferme sans la surcharger et la noyer en détails*[1]*;* und ferner: *C'est de cette farce qu'est sortie la gloire réelle et durable du théâtre français, la comédie.*[2]

Es ist nicht zu verwundern, wenn dieses kleine Meisterwerk direkte Nachahmung gefunden hat, nicht allein in Frankreich; neben diesem ist es besonders Deutschland, wo der Stoff der französischen Farce weitere Bearbeitung erfahren. Génin zitiert als eine solche den *Henno* des Reuchlin[3]; doch ist dies bekanntlich nicht die einzige. Es existiert noch eine zweite in dem *Luzerner Neujahrsspiele.*

Wenn nun die Nachahmungen in Frankreich sich durch Namengebung und Inhalt sofort als solche bekennen, so weichen diejenigen auf deutschem Boden in manchen, oft wesentlichen Punkten von dem französischen Stücke ab, und es ist in Folge dessen schon daran gezweifelt worden, dass überhaupt die französische Farce Vorlage für die deutschen Stücke gewesen sei. Der erste, der dies unseres Wissens gethan hat, ist Hermann Grimm, welcher in dem Essay: *Das Luzerner Neujahrsspiel und der Henno des Reuchlin*[4] diese Frage näher beleuchtet und zu folgendem Schlusse kommt: *Das französische Stück als das ältere enthält die Elemente der deutschen Stücke, ohne dass diese direkt aus ihm herzuleiten wären. Allen dreien scheint vielmehr eine unbekannte italienische Commedia dell' arte zu Grunde zu liegen.* Und zu einem ähnlichen Resultate ist in allerjüngster Zeit auch J. Parmentier, professeur de littérature étrangère à la Faculté des lettres de Poitiers, gelangt. Er sagt: *Maître P. Pathelin*

---

[1] Introduction, S. 77.
[2] Ebenda S. 79.
[3] Ebenda S. 67.
[4] *Essays,* S. 119—133.

*est un ouvrage capital, un incontestable chef d'œuvre. Le Henno
en diffère absolument par la conception du sujet, la composition, le
dialogue; il n'en réproduit en réalité aucun caractère, aucune scène.
Si un humaniste comme Reuchlin avait connu la pièce française, il
n'en aurait point fait une pauvre comédie qu'il appelle lui-même
un jeu de vieille femme (ludum anilem). Il a dû tirer son sujet
d'une comédie italienne, une com[m]edia dell' arte aujourd'hui
perdue.*[1])

Ehe wir die spezielle Vergleichung der einzelnen Stücke
vornehmen, wollen wir letzterer Behauptung eine allgemeine Betrachtung widmen, deren Resultate auch bei der Beurteilung der
Annahme Grimm's in Anwendung gebracht werden dürften.

Reuchlin war zweimal in Italien; im Jahre 1482 im Gefolge
des Herzogs Eberhard von Württemberg und 1490 wahrscheinlich als Begleiter des jungen Ludwig, eines natürlichen Sohnes
Eberhard's des Älteren.[2]) Es wäre also wohl möglich, dass er
hier eine den Stoff der Farce Patelin behandelnde *Commedia dell'
arte* gesehen hätte und dadurch zur Abfassung seines *Henno* veranlasst worden wäre. Und zwar würde hierbei wahrscheinlich
der zweite Aufenthalt in Frage kommen, da genanntes Lustspiel
am 31. Januar 1497 zum ersten Male von Schülern Reuchlin's
vor dem Bischof von Worms, Johann Dalburg, in Heidelberg aufgeführt worden, also wahrscheinlich um die Mitte der neunziger
Jahre entstanden ist[3]). Von einer solchen Komödie findet
sich nun keine Spur. Sie müsste also verloren gegangen sein,
und zwar innerhalb der wenigen Dezennien, die zwischen 1490
und der Blüte des Ruzante liegen, der, von der *Commedia dell' arte*
ausgehend, eine neue Art des Lustspiels, die Maskenkomödie, schuf,
und dem ein dramatisch so wirkungsvoller Stoff, wie ihn die dem
Henno zu Grunde liegende Fabel abgibt, sicher nicht entgangen
sein würde.[4])

Man könnte ferner einwenden, es sei undenkbar, dass das
Sujet einer Komödie, die in Frankreich und Deutschland so ausserordentlichen Erfolg hatte[5]), in Italien gerade in einer Zeit sollte

---

[1]) *Revue critique* 1884. II. S. 147.
[2]) Vgl. Geiger, *Reuchlin, sein Leben und seine Werke*, Leipzig 1871, S. 23—32.
[3]) Vgl. Gottsched, *Nöthiger Vorrath zur Geschichte der deutschen dramatischen Dichtkunst*, Leipzig 1765, II. S. 144.
[4]) „*Beolco Angelo Ruzante wurde in Padua 1502 geboren. Seine Spezialität bestand in Darstellung von Bauern, Rüpeln u. dgl., die er mit unübertrefflicher Lebenswahrheit spielte.*" Vgl. Klein, *Geschichte des Dramas* IV, S. 904.
[5]) Der *Henno* erlebte beispielsweise von 1497—1515 neun Ausgaben.

verloren gegangen sein, wo das Interesse für das Theater ein so lebhaftes wurde, und das Drama infolge dessen einen so schnellen, ungeahnten Aufschwung nahm. Aber alle diese Erwägungen erweisen sich als nichtig, wenn man den in Rede stehenden Stoff mit den sowohl der *Commedia dell' arte*, als auch der *Commedia erudita* zu Grunde liegenden Fabeln vergleicht. Er ist so grundverschieden von diesen, dass man sofort den Gedanken fallen lassen muss, er könne der Gegenstand einer solchen Komödie gewesen sein. Höchstens konnte der eine oder andere Zug episodisch in einer derartigen Komödie verwertet werden. Und dies ist auch thatsächlich der Fall. Denn eine der Ble-Szene entsprechende Episode findet sich bei einem mit dem Ruzante zeitgenössischen Dramatiker, bei Grazzini, ohne eigentliche Ursache und Folge in das Lustspiel *L'Arzigogolo* eingestreut[1]). Ausserdem ist derselbe Zug in einer Anekdote des ebenfalls dem 16. Jahrhundert angehörenden Domenichi behandelt[2]).

Betrachten wir beide Stellen etwas genauer.

Der Inhalt des der Einheit der Handlung entbehrenden und in den gewöhnlichen Bahnen der Komödie des 16. Jahrhunderts dahingleitenden Lustspiels des Grazzini ist, soweit er hierher gehört, folgender: Ser Alesso, der verliebte Alte, Verehrer einer älteren Dame, der Monna Papera, hegt den Wunsch, noch einmal jung zu werden, um auch jüngeren Damen zu gefallen. Kaum hat dies der schlaue Diener Valerio in Erfahrung gebracht, so weiss er ihm von einem Elixiere zu erzählen, das die Kraft habe, einen alten Mann zu einem Jüngling von 25 Jahren zu machen. Ser Alesso will um jeden Preis diese wunderbare Flüssigkeit haben, und Valerio verschafft sie ihm für eine Summe Geldes, die er gerade wie der Sklave der römischen Komödie für den Sohn des Alten braucht. Gleichzeitig bittet er seine Umgebung, unter anderen auch Monna Papera, ihn bei diesem Scherze zu unterstützen, d. h. über das plötzliche jugendliche Aussehen Ser Alesso's eine grosse Verwunderung zu zeigen. Monna Papera geht darüber noch hinaus, und erklärt, dass sie mit dem jugendlichen Ser Alesso nichts zu thun haben wolle und nur den alten zum Freunde und späteren Gemahl nehme[3]). Dieser Ausspruch und noch weitere Unannehmlichkeiten, die ihm seine vermeinte Jugend einbringt, veranlassen ihn, Valerio zu bitten, ihn gegen

---

[1]) *L' Arzigogolo, commedia d' Antonfrancesco Grazzini, accademico Fiorentino, detto il Lasca.* In Firenze 1750. Tomo IV° des *Teatro comico Fiorentino*.
[2]) *Facetie, motti et burle.* Venetia, appresso Domenico Farri 1584, S. 226 ff.
[3]) Vgl. *Avare*, A. II, Sz. 6.

gute Belohnung doch wieder alt zu machen, worauf dieser bereitwilligst eingeht. Dabei sagt ihm der Diener, eben jetzt sei eine günstige Gelegenheit, die Neigung der Dame wieder zu erlangen: *Monna Papera ha un lavoratore (Arzigogolo), ch' ha venduto un paio di buoi a tempo, e fattone scritta ordinaria con testimonj, come si suole: ora si pente di tal vendita, perchè a chi egli li ha venduti è fallito, nè è mai per cavare i danari e ne arà il danno Monna Papera, perchè son suoi: onde se potete operare che tal vendita non vadi innanzi, al presente maggior piacere non potete farle*[1]). Um Monna Papera und Arzigogolo aus dem Handel zu ziehen, rät nun Ser Alesso für das Versprechen von zwei Scudi dem letzteren, den Blödsinnigen zu spielen, was Valerio dahin interpretiert, auf alle Fragen des Richters weiter nichts zu thun, als zu pfeifen. Diese Anweisung wird befolgt, Ser Alesso aber ebenfalls mit *Sff, Sff* bezahlt.

Die Anekdote des Domenichi hat beinahe denselben Inhalt: Einem Hirten wird wegen Zolldefraudation seine Heerde konfisziert. Um dieselbe wiederzuerlangen, wendet er sich um Rat an den Juristen Luca Gallina. Ihm wird derselbe Rat wie dem Arzigogolo, und der Advokat erhält denselben Lohn wie Ser Alesso.

Der bedeutsame Umstand springt sofort in die Augen, dass bei dem hier geschilderten Vorgange niemand weder einen positiven Verlust noch einen positiven Vorteil hat, die Sache also ohne eigentliche dramatische Verwickelung gleichsam im Sande verläuft. Bei Grazzini ist die Episode offenbar mit Gewalt in das Stück eingezwängt, um dem tölpischen Bauer Gelegenheit zu geben, seine derben Spässe zu machen, die denn auch von der denkbar rohesten Art sind. Als nämlich Ser Alesso, nachdem er dem Arzigogolo den Rat gegeben hat, sich blödsinnig zu stellen, diesen fragt, ob er wisse, wie er das zu machen habe, bejaht es dieser, ergreift einen Knüttel und schlägt auf ihn los. Von der zweiten Probe des Blödsinns, die darin besteht, dass der Bauer einen Stein aufheben und denselben Ser Alesso an den Kopf werfen will, wird er durch das schnelle Eingreifen des alles gleichmachenden Dieners Valerio abgehalten[2]).

Uns ist kein Zweifel, dass den italienischen Dichtern der *Patelin* das Vorbild gewesen ist. Derselbe braucht ihnen deshalb nicht direkt vorgelegen zu haben. Es ist sehr wohl möglich, dass sie die Geschichte von dem französischen Advokaten erst aus zweiter, dritter Hand und deshalb vielleicht bereits in veränderter Gestalt kennen lernten.

---

[1]) A. IV, Sz. 6.
[2]) A. IV, Sz. 7.

Allerdings scheint Domenichi andeuten zu wollen, dass die Quelle für seine Erzählung ganz anderswo, als in der französischen Farce zu suchen sei. Es heisst nämlich am Schlusse seiner Erzählung, der Jurist habe sich in das Unvermeidliche gefügt, *maledicendo la malvagità del villano e replicando più volte il detto di quel Greco:* maledictus corvus, qui tam malos genuit pullos. *D' altro modo,* ist dann noch hinzugefügt, *disse il Greco:* mali corvi, malum ovum. Wenn damit Domenichi hat andeuten wollen, dass er den Ursprung seiner Anekdote bis ins Altertum zurückgeführt haben will, so steht er mit dieser Ansicht nicht allein da. Der Veranstalter der Ausgabe des *Henno,* die dieser Arbeit zu Grunde liegt[1]), ist wohl von demselben Gedanken beherrscht gewesen, wenn er am Schlusse derselben als Analogien zu der *Comœdiola* zwei Erzählungen abdruckt, von denen die erste die Interpretation desselben Sprichwortes ist, das Domenichi anführt (mali corvi, malum ovum), während die zweite die von Gellius überlieferte und in der Logik oft als Beispiel für ein Dilemma zitierte Geschichte von Protagoras und Euathlos behandelt und mit den Worten schliesst: Sic ab adolescente discipulo magister ... suo sibi argumento confutatus est[2]).

Bei dem deutschen Herausgeber des *Henno* ist das Bestreben wohl leicht erklärlich, das Muster oder den Anstoss zu einer lateinischen Dichtung des gelehrten Humanisten Reuchlin im klassischen Altertum zu suchen. Auch ist es bei ihm mehr als zweifelhaft, ob er die französische Farce gekannt hat. Ob Domenichi das französische Orignal bekannt gewesen ist, mag dahin gestellt

[1]) *Henno, comœdiola rustico-ludicra a Joanne Capnione Phorcense U. J. D. ante centum annos scripta et nunc iterum publicata.* Magdeburgi 1614. — In anderen Ausgaben lautet der Titel *Scenica progymnasmata.*

[2]) Diese sei hier kurz erzählt: Euathlos kommt zu Protagoras, um von diesem die Künste der Rhetorik zu lernen. Nach der Bestimmung des letzteren hat er die eine Hälfte des Lohnes hierfür sofort zu bezahlen, die andere dann, wenn er seinen ersten Prozess gewonnen habe. Euathlos ist nach Ablauf seiner Lehrzeit ein trefflicher Rhetor geworden, macht aber lange Zeit keine Anstalt dazu, seinen ersten Prozess zu gewinnen. Da spricht eines Tages der ungeduldige Protagoras zu ihm: „Euathlos, ich werde Dich auf Herausgabe meiner zweiten Lohnhälfte verklagen, und Du wirst mich in jedem Falle bezahlen müssen, denn gewinne ich den Prozess, so musst Du mich bezahlen, weil ich gewonnen habe, verliere ich ihn aber, so hast Du Deinen ersten Prozess gewonnen und musst mich also auch bezahlen". — „Du bist im Irrtum, Protagoras", erwidert ihm Euathlos, „denn sieh', gewinne ich den Prozess, nun, so habe ich ihn gewonnen und brauche Dich infolge dessen nicht zu bezahlen, verliere ich ihn aber, so habe ich meinen ersten Prozess noch nicht gewonnen, brauche Dich also auch nicht zu bezahlen."

bleiben. Möglicherweise ist die Anekdote, wie er sie gibt, schon lange vor ihm in Italien im Schwange gewesen. Ebensowohl ist es möglich, dass die Episode, wie sie im *Arzigogolo* vorkommt, bereits in der italienischen Komödie des 15. Jahrhunderts sich fand, und Reuchlin bei seinem Aufenthalte in Italien durch eine solche die Farce Patelin erst wieder lebhaft in das Gedächtnis zurückgerufen worden ist, was vielleicht das verhältnismässig spät nach der Zeit seines nachher zu besprechenden Aufenthaltes in Frankreich erfolgende Erscheinen des *Henno* erklären würde.

Dass aber ein vollständig in sich abgeschlossenes Lustspiel, welches für den *Henno* oder für den *Patelin* das Vorbild hätte sein können, dort vorhanden gewesen sei, halten wir für nicht annehmbar. Die Farce Patelin ist unseres Erachtens das Originalprodukt des lebhaften Aufschwunges des französischen Geistes, der den Sinn für das Komische im hohen Grade besitzt; und in Folge dessen das Muster aller, den gleichen Stoff wie sie behandelnden Stücke. Von diesem Gesichtspunkte aus wollen wir auf den folgenden Blättern versuchen, das Verhältnis dieser Stücke zu ihrem Originale und untereinander näher zu beleuchten.

Die Nachahmungen auf deutschem Boden.

1. Reuchlin's *Henno*.

Reuchlin war mehrere Male in Frankreich. Das erste Mal als Begleiter des jungen Friedrich von Baden,[1] des späteren Bischofs von Utrecht. Er studierte in Paris die Grammatik unter Johannes Heynlin vom Stein, und Rhetorik unter Wilhelm Tardivus und Robert Gaguinus.[2] Dann finden wir ihn ein zweites Mal in Paris, unter Georg Hermorymos eifrig Griechisch studierend. Da aber jetzt die Notwendigkeit an ihn herantrat, ein Brotstudium zu wählen, so wandte er sich 1478 nach Orléans, um sich dem Studium der Rechte zu widmen.[3] Von da ging er nach Poitiers, wo er am 14. Juli 1481 das Lizentiatendiplom erhielt.[4]

Es ist wohl als sicher anzunehmen, dass er während dieses mehrfachen Aufenthaltes in Frankreich den das Ergötzen von Jung und Alt bildenden *Patelin* kennen gelernt und diese Farce den unauslöschlichen Eindruck auf ihn gemacht hat, der ihn

---

[1] Oder Karl von Baden. Geiger nennt ihn S. 8 Karl, S. 9 Friedrich.
[2] Vgl. Geiger, S. 11.
[3] Ebenda S. 18.
[4] Ebenda S. 20.

veranlasste, dieses köstliche Stück in (wenigstens seiner Meinung nach) verbesserter Gestalt den gebildeten Deutschen zu vermitteln.

    Der Inhalt des so entstandenen Lustspiels *Henno*, das in 5 Akte zerfällt, deren jeder wieder 2 Szenen hat, ist der folgende: Der Bauer Henno hat seiner Frau Elsa acht Goldstücke, die diese sich sauer erspart und in einer Krippe versteckt hatte, gestohlen. Er trifft sie, als sie sich, ohne von ihrem Verluste zu wissen, bitter über ihr Loos beklagt, einen Trinker und Schlemmer zum Manne zu haben. Sogleich stimmt er in ihre Klagen ein, dass sie trotz Mühe und Arbeit auf keinen grünen Zweig kämen. Seine Kleidung sei schäbig und zerrissen, er schäme sich fast, in dieser zu den Stadtleuten zu gehen und ihnen seine Waren anzubieten. Er wolle deshalb den Knecht Dromo zu dem Tuchhändler Danista schicken und denselben bitten lassen, ihm doch auf Kredit zehn Ellen Tuch zu senden. Elsa ist damit einverstanden und geht in den Stall. Henno ruft jetzt Dromo zu sich, erzählt ihm, wie er zu dem Gelde gekommen sei, legt ihm Stillschweigen auf und beauftragt ihn, ihm für die acht Gulden Tuch von Danista zu kaufen. Der Knecht erklärt sich dazu bereit, macht aber nach Abgang seines Herrn das Publikum damit bekannt, dass er das Geld behalten, das Tuch auf Kredit nehmen, wieder verkaufen und so seinen Herrn und den Tuchhändler betrügen wolle. Jetzt kommt Elsa mit dem Beutel, um sich, wie schon oft, an dem Glanze ihres Schatzes zu erfreuen; aber — der Beutel ist leer. Auf ihr Geschrei eilt die Nachbarin Greta herbei, tröstet sie und erzählt ihr, sie kenne einen Astrologen, der ihr den Dieb wohl würde nennen können. Allerdings koste es einen Solidus. Mit einem Chorgesange, der den Segen der Armut preist und die Nachteile des Reichtums hervorhebt, schliesst der erste Akt.

    Elsa und Greta begeben sich zum Wahrsager Alcabicius, dessen Aussagen jedoch so vieldeutiger Natur sind, dass sie beim Weggange so klug sind, wie zuvor. Zu Hause angekommen finden sie Henno und Dromo in Streit, da letzterer mit der Nachricht aus der Stadt zurückgekehrt ist, Danista habe Tuch und Geld zurückbehalten mit der Weisung, Henno solle sich am nächsten Markttage das Tuch selbst auswählen. Bei der Ankunft der Frauen bittet der Bauer den Knecht, von dem Gelde zu schweigen, und fragt gleichgiltig, ob Danista ihm weiter nichts aufgetragen habe. Dromo antwortet, der Tuchhändler wünsche Abra, die Tochter Henno's, zur Magd. Der Chor schliesst den Akt mit einer Lobpreisung des Dichters und seiner göttlichen Gabe.

Henno und Dromo ziehen mit ländlichen Produkten zum Markte in die Stadt. Als sie zum Tuchhändler kommen, ist dessen erste Frage: „Nun, Henno, hast Du das Geld für das Tuch bei Dir?" Natürlich grosses Erstaunen des letzteren. Es entsteht Streit zwischen beiden, den Dromo durch sein Zeugnis schlichten soll. Dieser leugnet nun frech, sowohl von Henno Geld, als auch von Danista Tuch erhalten zu haben. Und als der Tuchhändler sich von seiner Erregung so weit fortreissen lässt, ihn einen Menschen von drei Buchstaben zu nennen, spielt er noch den Beleidigten und erinnert Danista sehr ernst daran, dass das Gesetz solchen ehrenrührigen Ausdruck bestrafe. Der Tuchhändler zieht sich mit der Erklärung aus der Schlinge, mit den drei Buchstaben könne ebenso gut wie *fur* auch *bos* gemeint sein und schlägt vor, den Streit durch das Gericht entscheiden zu lassen. Der Knecht geht sofort darauf ein. Der Chor tadelt die Blindheit der Unwissenden und preist die Macht der Dichtung.

Der vierte Akt zeigt uns Dromo bei dem Juristen Petrucius, denselben um Rat fragend, wie er sich vor Strafe schützen könne. Dieser giebt ihm auf das Versprechen von zwei Gulden die Anweisung, auf keine Frage etwas anderes zu antworten als *Ble*. Dromo befolgt den Rat vor Gericht getreulich und wird freigesprochen. Der Chor warnt davor, sich in Streit einzulassen; es sei viel besser Apollo und den Musen zu dienen.

Fünfter Akt. Petrucius verlangt die ausbedungenen zwei Gulden, wird jedoch von Dromo ebenfalls mit *Ble* abgefertigt. Letzterer und Henno begeben sich in ihr Dorf zurück, und es findet auf Betrieb von Elsa und besonders der Nachbarin Greta eine allseitige Versöhnung statt. Der Knecht erzählt den Hergang der ganzen Sache und erhält dafür Abra zum Weibe und die acht Gulden als Mitgift. Mit einem *jam plaudite* nach Art der römischen Komödien schliesst das Stück.

Des leichteren Verständnisses halber sei auch der Inhalt der französischen Farce Patelin kurz angeführt: Maistre Pierre Patelin beklagt sich in Gemeinschaft mit seiner Frau Guillemette über die üble Lage, in der sie sich befinden. *Nous mourrons de fine famine!* ruft die letztere aus, mit besorgtem Blicke auf ihre bis auf den letzten Faden abgeschabten Kleider schauend. Da verkündet ihr Maistre Pierre kurz entschlossen, auf den Markt gehen und Tuch zu ihrer Kleidung kaufen zu wollen. Zweifelnd schaut sie ihm nach, da sie weiss, dass er kein Geld hat und ohne Geld ihm niemand Ware überlassen werde. Patelin tritt in den Laden des Tuchhändlers Joceaulme und weiss das Gespräch bald auf dessen Vater zu bringen, den er als den besten und klügsten Menschen hinstellt. Schliesslich bemerkt er, wie doch der Sohn dem Vater so ähnlich sei. Dabei greift er wie zufällig ein Stück Tuch an, welches ihm nach seiner Aussage so gefällt, dass er geneigt sei, eine Anzahl seiner gesparten Goldgulden auf den Ankauf desselben zu verwenden. Der geschmeichelte Tuchhändler, durch die Aussicht auf das Gold gereizt, geht auf die Absichten Patelin's sogleich ein, der Handel kommt zu Stande, und mit sechs Ellen Tuch entfernt sich Maistre Pierre eiligst, den Kaufmann ersuchend, sich das Geld selbst zu holen und dabei gleichzeitig an der Verspeisung einer Gans teilzunehmen. Er übergibt, zu Hause angekommen, triumphierend Guillemette seine Beute, während der Tuchhändler sich schmunzelnd darüber die Hände reibt, dass er eben eine Elle Tuch für 24 solz verkauft habe, die doch kaum 20 wert sei. Bald darauf tritt letzterer bei dem Advokaten ein, um die Goldgulden abzuholen und zu speisen. Doch hier erfährt er von Guillemette, mit der Maistre Pierre schon seine Massregeln besprochen hat, dass der arme Mann bereits seit Wochen krank darniederliege und wohl bald das Zeitliche segnen werde. Er wird an das Bett des scheinbar Kranken geführt, und dieser schwatzt nun das tollste Zeug in allen möglichen Mundarten. Zuletzt erzählt er in köstlicher Unverschämtheit auf Lateinisch, was der Tuchhändler natürlich nicht versteht, wie er diesem das Tuch abgeschwindelt hat. Dem letzteren wird bei alle dem ganz wirr im Kopfe, so dass er, an seiner Zurechnungsfähigkeit zweifelnd, sich entfernt. In seinem Laden angekommen, trifft er seinen Schäfer Agnelet, der ihm über neue Unfälle, die die Heerde betroffen haben, klagt. Der erzürnte Kaufmann legt sie ihm, sowie auch alle früheren (und zwar mit Recht) zur Last und kündigt ihm an, ihn vor Gericht ziehen zu wollen. Agnelet sucht deshalb Hilfe bei Patelin. Dieser rät ihm, auf jede Frage, die an ihn gerichtet werde, mit *Bê* zu antworten. Sie kommen vor Gericht und der Tuchhändler trägt seine Sache vor. Da bemerkt er auf einmal Patelin und vermengt nun in seinen Reden in einem fort die sechs Ellen Tuch des Advokaten mit den Hammeln Agnelet's. Der Richter weiss nicht, was er davon halten soll, und als seine wohlwollende Ermahnung: *Revenons à ces moutons* nichts fruchtet, wird er zornig und weist ihn mit seiner Klage ab. Der geprellte Joceaulme muss froh sein, dass er von Patelin nicht noch zur Verantwortung gezogen wird, da er ihn einen Dieb genannt hat, wodurch dieser sich an seiner Ehre angegriffen fühlt. Als nun aber der Advokat von dem Schäfer die versprochene Belohnung verlangt, giebt dieser auch ihm *Bê* zur Antwort und entflieht.

 Man muss zugestehen, dass der Unterschied zwischen

beiden Stücken nicht unerheblich ist und kann es deshalb erklärlich finden, wenn Grimm und Parmentier eine direkte Beziehung zwischen ihnen leugnen. Doch ist unseres Erachtens der Grund, welchen letzterer besonders für seine Behauptung anführt, nämlich die Betonung des Humanisten, also des hochgebildeten Menschen, in Reuchlin, der, wenn er das französische Stück gekannt hätte, nicht eine so armselige Komödie daraus gemacht haben würde, übel angebracht. Wir meinen, gerade weil Reuchlin ein Humanist war, konnte er die Farce nicht so wie sie war übertragen. Er, der von den Grundsätzen des kunstgemässen Lustspiels eines Terenz erfüllt war, vermochte einem Stücke nicht vorurteilsfrei gegenüberzutreten, das, sich wenig um künstlerische Äusserlichkeiten kümmernd, unmittelbar aus dem frischen, fröhlichen Volksleben hervorgewachsen war und auch wieder unmittelbar auf das Volk wirken wollte und wirkte. Aus der volksmässigen Posse musste vor allen Dingen ein regelmässiges Lustspiel mit Akt- und Szeneneinteilung werden, und da am Schlusse eines solchen eine Heirat unerlässlich ist, so mussten zwei Personen geschaffen werden, an denen sich dieser Akt vollziehen konnte. Dabei war es ferner üblich, dass eine oder beide der Rollen, deren Träger am Ende durch das Band der Ehe verknüpft wurden, sich als die bedeutendsten des Stückes darstellten. Wir möchten deshalb das Urteil Geiger's umkehren, der sagt: *Weit psychologischer verfährt ohne Zweifel Reuchlin, wenn er dem Knechte von Anfang an eine bedeutende Rolle zuschreibt, und in diesem Sinne mag man auch die sonst etwas sonderbar in das Ganze verwebte Heiratsgeschichte von Dromo und Abra gerechtfertigt finden.*[1]) Wir sagen, weil Reuchlin die Heiratsgeschichte in sein Stück verweben musste, teilte er Dromo den Hauptanteil an demselben zu. Er verfuhr dabei ähnlich wie die alten Komödiendichter, die ebenfalls dem pfiffigen Sklaven den Löwenanteil an der Handlung zuschoben.

Ein zweites Erfordernis bei der Umwandlung der französischen Farce in ein Lustspiel nach terenzischem Muster war, grössere Einheit der Handlung herzustellen. Patelin und Agnelet spielen beinahe gleichbedeutende Rollen; um diesen Dualismus zu entfernen, vereinigte der deutsche Dichter in Dromo den Charakter des Schäfers mit einigen Hauptzügen aus dem des Patelin, die dazu beitragen, uns den Knecht als einen pfiffigen, intelligenten Burschen erscheinen zu lassen und es uns begreiflich machen, wenn er am Schlusse trotz seiner bösen Streiche die Hand der Abra erhält. Allerdings musste Reuchlin bei diesem

---

[1]) S. 88.

Vorgehen den Charakter des Haupthelden Patelin in den des Dromo, Petrucius und teilweise des Henno zersplittern, und es gingen ihm dabei einige der wirkungsvollsten, komischen Momente verloren, nämlich Patelin's fingiertes Delirium und die unwiderstehlich komisch wirkende Verwechselung des Tuches und der Hammel in der Gerichtsszene, aber vielleicht tröstete er sich um so eher über diesen Verlust, als er absichtlich die burleske, lärmende, die derbsten Ausdrücke nicht scheuende Komik, wie sie jene Szenen in hohem Masse haben, vermeiden wollte und auch vermieden hat. Wenn Grimm[1]) in Bezug auf die erste Szene des zweiten Aktes, die uns Elsa und Greta bei Alcabitius zeigt, sagt: *Es läuft sogar eine leichte Zote mit unter, was ich bemerke, weil in der Vorrede das Gegenteil versprochen war,*[2]) so geht er entschieden zu weit, denn hier eine Zote finden, hiesse die Anschauungen des 15. und 16. Jahrhunderts mit unseren heutigen verwechseln.

Untersuchen wir nun im einzelnen, wie die Charaktere der Farce Patelin sich im *Henno* wiederfinden.

Dromo liegt, wie schon erwähnt, der Charakter des *Bergier* zu Grunde, dem jedoch so viele Charaktereigentümlichkeiten Patelin's zugesellt sind, dass aus dem tölpischen Bauer der schlaue Betrüger wird, dem man den Tuchschwindel wohl zutrauen kann. Wenn letzterer auch nicht wie in dem französischen Stücke auf offener Szene vor sich geht, so muss man doch voraussetzen, der Knecht habe dabei ebenso viel Schlauheit entwickelt, wie Patelin, der uns durch seine feinen Kniffe so ergötzt, dass wir ihm unmöglich wegen der begangenen Betrügereien gram sein können.

Dass Dromo etwas von dem Geiste Patelin's in sich hat, beweist er in der ersten Szene des 3. Aktes. Er leugnet mit der grössten Kaltblütigkeit Henno und Danista Geld und Tuch ab, und als letzterer ihn deshalb zornig einen Dieb schilt, spielt er meisterhaft die gekränkte Unschuld und verbittet sich energisch derartige Ausdrücke, da er sonst die Hilfe des Gerichts in Anspruch nehmen müsse. Ebenso verhält sich Patelin in der Gerichtsszene. Auch er fährt bei den beleidigenden Worten

---

[1]) *Essays* S. 128.
[2]) Alc. *Scortatus (Henno) in mirum modum.*
Elsa.   *Hic non est meus,*
    Nam me recumbentem vix basiat.
Alc. *Illi fuit quondam arcta tecum habitatio.*
Elsa. *Vetera hic nimis commemorat haud scio quis est*
    Teneris solemus ludere annis latuis.

Joceaulme's empört auf, den Richter drohend zum Zeugen der Beschimpfnng anrufend[1]). Dieselbe höhere geistige Beanlagung Dromo's ergibt sich bei dem Vergleich dieser Figur mit der ihr in den hauptsächlichsten Momenten entsprechenden des französischen Stückes, mit Agnelet. Als Dromo wegen der Klage des Danista den Petrucius um Rat und Hilfe bitten will, führt er sich schlauer Weise bei diesem, um in Bezug auf Bezahlung so glimpflich wie möglich wegzukommen, als armer Teufel ein, und erst als ihn dieser deshalb kurz abweisen will, weiss er ihn durch die Aussicht auf Verdienst sich gefügig zu machen. Agnelet hingegen kündigt Patelin sofort hohe Belohnung an, obgleich seine Kleidung auf Armut schliessen lasse[2]). Und als Petrucius für seine Dienste vier Gulden verlangt, versteht Dromo diese Forderung bis auf zwei herabzubringen und macht ausserdem die Zahlung derselben von dem für ihn günstigen Ausgange des Prozesses abhängig, während der Schäfer unter nochmaliger Zusicherung eines hohen Lohnes demütig bittet, seine Sache ja recht gut zu führen[3]).

---

[1]) Le Drappier. *Vous m'avez trompé faulcement*
　　　　　　　　　　Et emporté furtivement
　　　　　　　　　　Mon drap par vostre beau langaige.
　　Patelin, au juge. *Ho! j'en appelle en mon couraige*
　　　　　　　　　　Et vous l'ouez bien, monseigneur? 1480—85.
　　Danista. 　　　　*O probe vir Dromo*
　　　　　　　　　　Non inde sic evaseris trilittere.
　　Dromo. 　　　　*Trilittere, hoc quid est? num fama læditur?*
　　　　　　　　　　Famam viro obfuscas: magistratus vetat.
　　　　　　　　　　　　　　　　　　　　A. III, Sz. 2.

[2]) Dromo. *Salve perite juris et miseris pater,*
　　　　　　Patrone, consul, rhetor et legum sciens.
　　Petr. 　 *Non admodum misero pater, sed diviti.*
　　　　　　. . . . .
　　　　　　At vade pauper. Abi, miser me nil beat.
　　Dromo. *Quid si lucri ex causa tibi quid nascitur.*
　　　　　　　　　　　　　　　　　　　　A. IV, Sz. 1.
　　Le Bergier. *Et je vous payerai tres bien*
　　　　　　　 Pourtant se je suis mal vestu. 1079—80.
　　　　　　　. . . . .
　　　　　　　Pour du mien j'ai assez finance. 1116.

[3]) Dromo. *Duos (aureorum) dabo . . .*
　　　　　　Dummodo vicero.
　　Petr. 　　　　*Modo viceris*
　　　　　　Eamus huc: Iudex tribunal occupat. A. IV, Sz. 1.
　　Le Bergier. *Monseigneur, se je ne vous paye*
　　　　　　　 A vostre mot, ne me croyez
　　　　　　　 Jamais. Mais je vous pry, voyez
　　　　　　　 Diligemment à ma besogne.
　　Patelin. 　 *Par nostre dame de Boulogne!*
　　　　　　　 Je tiens que le juge est assis. 1195—1200.

Beide befolgen dann in den nächsten Szenen den erhaltenen Rat gleich genau, und die Advokaten erhalten den gleichen Lohn *Bê (Ble)*. In Petrucius[1] sind diejenigen Momente aus dem Charakter Patelin's verkörpert, die ihn uns als betrügerischen Winkeladvokaten vor die Augen führen. Obgleich beide Gestalten in der Art der Ausübung dieses ihres Berufes übereinstimmen, muss uns doch notwendigerweise erstere abstossender erscheinen, da ihr alle sonstigen Eigenschaften der anderen abgehen, die diese so sympathisch machen; Reuchlin war wohl auch genötigt, diese Figur mit gröberen Strichen zu zeichnen, um sofort das Gefühl zu erwecken, dass die Düpierung des Advokaten durch Dromo gerechtfertigt sei. In diesem Sinne handelt der Dichter, wenn er, wie schon bei Besprechung von Dromo's Charakter erwähnt, die Geldgier desselben in ungleich grelleren Farben hervortreten lässt, als bei Patelin; wenn er ihn als einen käuflichen Menschen hinstellt, der den armen Knecht sofort abweisen will, aber sogleich andere Saiten aufzieht, sobald ihm ein Verdienst in Aussicht gestellt wird. Im Übrigen stimmen beide Charaktere überein, wenn auch Petrucius als betrügerischer Jurist stets etwas hässlicher gezeichnet ist, als Patelin, was zum Teil auch durch die grosse Kürze des lateinischen Stückes im Gegensatze zu dem französischen bedingt ist[2]). Patelin sowohl wie Petrucius erklären bei der Aussicht auf gute Bezahlung sofort die Sache Agnelet's beziehentlich Dromo's für eine gute[3]), und beide geben mit fast gleichen Worten denselben betrügerischen Rat[4]). In der Gerichtsszene, die wegen Fehlens des höchst komischen Mo-

---

[1]) Génin bemerkt Introduction S. 68 sehr richtig: *Dromon confesse tout à son advocat, lequel, pour plus de conformité, se nomme Pierre, comme Patelin.*
[2]) Der *Henno* zählt 414 Verse ohne die Chöre, die zusammen noch 53 Verse ausmachen, während die *Farce Patelin* deren 1600 hat.
[3]) Petr.   *Causam bonam foves, si dimidium dabis*
             Octo aureorum. A. IV, Sz. 1.
   Le Bergier. *Je ne vous paieray pas en solz,*
             Mais en bel or à la couronne.
   Patelin. *Donc auras tu ta cause bonne.* 1125—27.
[4]) Petr.   *Cave, nil nisi ble respondeas.* A. IV, Sz. 1.
   Patelin. *Tu ne respondras nullement*
             Fors Bê, pour rien que l'en te die. 1167—68.
             Que aultre mot n'ysse de ta bouche,
             Garde t'en bien. 1176—77.
   Petr.   *Si quæro quæ: tu redde ble atque aliud nihil.*
             A. IV, Sz. 1.
   Patelin. *Que je te die ne prepose*
             Si ne me respondz aultement. 1183—84.

mentes, der Verwechselung des Tuches mit den Hammeln, in dem lateinischen Stücke viel blasser ist, als in dem französischen und in keiner Weise einen Vergleich mit dieser aushält, werfen sich beide Advokaten als Verteidiger der Angeklagten auf. Und als sie dann den Lohn für ihren wirkungsvollen Rat haben wollen, werden sie auf gleiche Weise von Dromo-Agnelet mit ihren eigenen Waffen geschlagen; denn als sie ihren Klienten ankündigen, dass der Prozess gewonnen sei, und die versprochenen Gulden verlangen, erhalten sie *Bê (Ble)* als Antwort[1]). Sie meinen, diese Verstellung sei nun nicht mehr nötig, jene könnten frei herausreden, niemand belausche sie, jedoch immer folgt der tierische Laut als Erwiderung[2]). Dringender fordern sie das Geld, sie liessen wahrlich nicht mit sich scherzen, und es wäre hohe Zeit, dass sie sich entfernten; vergebens[3]). Letztere Bemerkung hat bei Patelin ihren guten Grund, da ihm der Tuchhändler beim Weggange gedroht hat, in seine Wohnung gehen und nachsehen

---

[1]) Petr. *Bene vertis acta, quæ ante judicium egimus,*
Sed es solutus judicis sententia
Opera mea et consilio et auxilio simul. A. V, Sz. 1.
Patelin. *Ta partie est elle bien faite?*
Le Bergier. *Bèè!*
Patelin. *Ta partie est restraicte.*
T'ay je point conseillé à point? 1542 ff.

[2]) Petr. *Ejus modi*
Ultra haud oportet alloqui vocabulo,
Non oportet talibus nunc moribus,
Nam libere loqui vales jam. . Nihil
Hac voce soli cum sumus deinde est opus.
A. V, Sz. 1.
Patelin. *Hé dea, on ne t'orra point,*
Parle hardiement: ne te chaille
Ne dy plus bêe, il n'y a force. 1544 ff.

[3]) Petr. *Vis dare? an non? te rogo?*
Dromo. *Ble.*
Petr. *Non joco,*
Sed serio: perpere est eundem istuc mihi.
A. V, Sz. 1.
Patelin. *Il est temps que je m'en aille,*
Paye tost!
Le Bergier. *Bê.*
Patelin. *Est ce mocquerie,*
Est ce quant que tu en feras?
Par mon serment, tu me paieras
Entens tu? se tu ne t'envoles.
Ça argent!
Le Bergier. *Bê.*
Patelin. *Tu te rigoles.* 1563 ff.

zu wollen, ob er noch fiebernd darnieder liege.¹) Bei Petrucius
fällt dieser Grund fort, der Dichter lässt ihn jene Worte jedenfalls nur in Anlehnung an das Original sagen. Beide Juristen
müssen sich nun in das Unvermeidliche fügen, sie thun es mit
der Drohung, alles aufbieten zu wollen, um die Sache ins Gleiche
zu bringen²). Höchst ergötzlich ist es, wie hier Patelin seine
eigene an dem Tuchhändler verübte Spitzbüberei in das Gedächtnis kommt und er sich verbissen das beschämende Zugeständnis
machen muss, seinen Meister gefunden zu haben, und zwar in
einen dummen Bauer³).

Was nun noch an Berührungspunkten beider Stücke im
Charakter Patelin's übrig ist, beschränkt sich auf die erste Szene,
in welcher der Advokat als Ehemann und Hausherr auftritt. Hier
ist bei Reuchlin Henno an seine Stelle getreten. Wenn auch die
beiden einander entsprechenden Szenen innerlich grundverschieden
sind, so lässt uns doch die äusserliche Übereinstimmung vermuten, dass Reuchlin bei Abfassung der seinigen die französische
vorgeschwebt hat. In beiden wird der Anstoss zum Tuchbetrug
oder Tuchkauf, also zur folgenden dramatischen Verwickelung
gegeben. In beiden ergehen sich die Ehegatten in Klagen darüber, dass ihre Kleider zerrissen seien und sie garnicht vorwärts

---

¹) Le Drappier. *Ha, je vois voir en vostre hostel*
Par le sang bieu, se vous y estes!
Nous n'en debatrons plus nos testes
Ici se je vous treuve-la. 1535 ff.

²) Petr. *Non quiescam donec inveniam modum*
Solvendo sis, aliter minas male senseris. A. IV, Sz. 1.
Patelin. *Par saint Jaques! se je trouvasse*
Ung sergent, je te fisse prendre.
Le Bergier. *Bê.*
Patelin. *Heu, bê! l'en me puisse pendre*
Se je ne vois faire venir
Un bon sergent; mesavenir
Luy puisse il, s'il ne t'emprisonne. 1593 ff.

³) Patelin. *Me fais tu mengier de l'oe?*
Maugrebien! ay-je tant vescu
Que ung bergier, ung mouton vestu,
Ung villain paillard me rigolle?
Le Bergier. *Bê.*
Patelin. *Par saint Jehan, tu as raison*
Les oisons mainent les oes paistre.
Or cuydoy je estre sur tous maistre
Des trompeurs d'icy et ailleurs
De paroles en payement
A rendre au jour du jugement,
Et ung bergier des champs me passe. 1577 ff.

kämen[1]). Sollte aber auch eine innere Ähnlickkeit dieser Szenen vorhanden sein, so dürften vor allen Dingen die Charaktere von Elsa und Guillemette nicht so vollständig von einander abweichen. Von letzterer, der in Leid und Freud' treuen Gesinnungsgenossin und Helferin des liebenswürdigen Schwindlers Patelin, ist im *Henno* nichts zu finden, denn die beinahe schattenhaft an uns vorübergleitende Elsa ist weiter nichts, als das durch häusliches Elend niedergedrückte, willenlose Weib, das sich in thatenlosen Klagen über einen ausschweifenden Mann ergeht, dem sie sich aber trotzdem unbedingt unterordnet. Später kehrt sie noch die vorsorgliche Mutter heraus, die ihrer Tochter in Dromo einen Mann verschaffen möchte. Zur eigentlichen That hat sie jedoch auch da noch nicht die Energie, sie benutzt dazu die schwatzhafte, dienstbeflissene Nachbarin Greta.

Der Tuchhändler ist in beiden Stücken der geizige Krämer, der die Leute auf alle mögliche Art zu übervorteilen sucht[2]). Einen Zug der französischen Figur hat Reuchlin auf Henno übertragen: die dumme Pfiffigkeit, mit der Joceaulme sich freut, Patelin beim Tuchkauf betrogen zu haben, ist dieselbe bei Henno, als er das sauer ersparte Geld seiner Frau aufgestöbert und entwendet hat[3]). Von diesem Zuge abgesehen ist der Charakter des

---

[1]) Elsa. *Vix mihi lodix supersit sutilis,*
Henno. *Quodcunque sit laboris utrique, attamen*
Nil nostrum utrique (quod sciam) reliqui est super
Quin ego annuo labore quem graviter fero
Vix suparum, post omnia mihi in lucro est
Semilacer incedo resartis vestibus. A. I, Sz. 1.
Guillemette. *Nos robbes sont plus qu'estamine*
Reses. 30—31.
Patelin. *Sainte Marie, Guillemette,*
Pour quelque paine que je mette
A cabuser, n'a ravasser,
Nous ne povons rien amasser. 1—4.
[2]) Elsa. *Scio, qui in oppido tenax mercator est.*
Ac. I, Sz. 1.
Guillemette. *Luy, qui est ung homs si rebelle.* 405.
[3]) Henno. *Huic (Elsae) autem heri octo sum furatos aureos*
Latenter ex localo: loco vix credito
Adeo mea uxor parca parsimonia
Plus multo agit quam ego laboribus: tamen
Et hoc quidem non nihil in annuis lucro
Venit recensendum: quod in dies bibo,
Ludo, sed et scortor aliquando, et balneor.
Id me beat: tritum quod est proverbium
Tenax requirit prodigum, ille ego ipse sum:
Et illa rursum haec ipsa sit necesse erit,
A. I, Sz. 1.

Bauers neu, bietet aber auch sonst wenig Interessantes; er dient meist als Folie für Dromo. Henno ist der einfältige Bauer, der sich durch das Eingeständnis des an seiner Frau begangenen Diebstahls dem Knechte vollkommen in die Hand gegeben hat. Er kann ihn desbalb auch nicht wegen Betrugs vor Gericht ziehen, wie Danista, und gibt ihm zuletzt gewissermasen in Anerkennung seiner höheren geistigen Fähigkeiten, nur um einen Einblick in die pfiffigen Manipulationen desselben zu erhalten, seine Tochter zum Weibe.

Eine von Reuchlin ganz selbständig geschaffene Gestalt ist die des Astrologen Alcabicius. Durch die Art und Weise wie er diesen Wahrsager der Elsa so unbestimmte Angaben machen lässt, dass Greta meint, das passe auf viele Männer[1]), führt der Dichter einen derben Hieb auf die Astrologie, die er bereits in seinem 1494 erschienenen Werke über die Kabbalah angegriffen hatte. *Er verlacht sie mit ihren trügerischen Versprechungen, mit ihren leeren Zeichen, mit ihrem Anspruche, übernatürliche Kräfte auf irdische Dinge anzuwenden. Es gebe viele Astrologen, jeder glaube die Wahrheit zu lehren und doch weichen sie sehr von einander ab*[2]).

Halten wir die beiden eben im Einzelnen besprochenen Komödien noch einmal im Grossen und Ganzen gegen einander, so müssen wir allerdings zugestehen, dass Reuchlin inbezug auf die plastische Herausarbeitung der Gestalten und die Komik der Situation sein Vorbild bei weitem nicht erreicht hat. Die warmblütigen Menschen der französischen Farce sind im *Henno* manchmal zu automatenhaften Gebilden geworden, wie der Richter Minos, der, wenn auch seine Geduld nicht auf eine so harte Probe gestellt wird, wie die seines französischen Amtsgenossen, trotzdem nicht auf jedes *Ble* des Knechtes mit sich vollständig gleichbleibender Monotonie einen Vers abzuleiern brauchte, oder die statuenhafte Abra, die im ganzen Lustspiele nur ein Wort (placet) spricht, auf die Frage ihres Vaters, ob ihr Dromo als Gemahl genehm sei, oder selbst zum Teil Henno und Danista, die uns in ihrer Bereitwilligkeit, mit der ersterer auf den Vorschlag Greta's (V. Akt) und letzterer auf den Antrag des Richters eingeht (IV. Akt), un-

---

Le Drappier. *Or n'est il si fort entendeur*
Qui ne trouve plus fort vendeur.
Ce trompeur là (Patelin) est bien becjaune,
Quant pour vingt et quatre solz l'aulne
A prins drap qui n'en vaut pas vingt. 247 ff.
[1]) Greta. *Invenis multos viros ejusmodi,*
Ego nequivi segregare neminem. A. II, Sz. 1.
[2]) Geiger, S. 177.

natürlich vorkommen. Und die Komik will im lateinischen Stücke von dem gebildeten Geiste aufgesucht sein, während sie in dem französischen unmittelbar wirkt.

Andererseits aber ist das Lustspiel Reuchlin's deswegen von ganz ausserordentlicher Bedeutung, weil es zuerst in neuerer Zeit in kunstgemässer, knapper Form eine gesunde Grundidee streng und einheitlich durchführt. In dieser Beziehung überragt es sein Vorbild, weil es diese Grundidee noch intensiver hervortreten lässt, indem es die beiden Interpreten derselben im französischen Stücke zu einer Figur vereinigt. Wir können deshalb nicht, wie M. Parmentier im *Henno* eine *pauvre comédie* finden, halten im Gegenteil das Urteil Gervinus' für vollkommen zutreffend, wenn er darüber sagt: *Das Stück ist ganz vortrefflich für die Vermittelung des Alten und des Neuen, denn es behandelt in der klassischen Form und Regelmässigkeit einen durchaus deutschen [nationalen] Stoff.*[1])

2. Die Comedi des Hans Sachs.

Die erste gute Übersetzung oder besser Übertragung des *Henno* wurde im Jahre 1531 von Hans Sachs geliefert unter dem Titel: *Ein comedi, mit 10 personen zu recidiren, doctor Reuchlins im Latein gemacht, der Henno*[2]).

Da sich dieses Stück sofort als eine Nachbildung des Reuchlin'schen bekennt, so wird unsre diesbezügliche Untersuchung nicht sowohl die Ähnlichkeiten beider hervorzuheben haben, als vielmehr diejenigen Züge näher beleuchten, in denen sich Hans Sachs als selbständiger Dichter zeigt. Dass er dies gewesen ist, beweist schon die grössere Ausdehnung seines Werkes im Vergleich mit seinem lateinischen Originale[3]). Das Stück zeigt die Akt-, nicht aber die Szeneneinteilung seines Vorbildes und beginnt, wie es bei dem Nürnberger Dichter üblich ist, mit einer Rede des Ehrnhold's, ebenso wie es mit einer solchen schliesst. Hans Sachs' Eigentum ist gleich die erwähnte Eingangsrede des Ehrenhold, in welcher dieser, allen Glück und Heil wünschend, die Vorstellung einer Komödie anktündigt:

kurzweilig fein und gut zu lachen,

die von dem hochgelehrten Doktor Reuchlin in Latein geschrieben

---

[1]) *Geschichte der deutschen Dichtung* II, S. 343.
[2]) Hgg. von A. v. Keller für den *Litter. Verein zu Stuttgart* im VII. Bd. der *Sämmtlichen Werke Hans Sachs'*, S. 124—153. Der Zusatz: Hat 5 Actus, den Dickmann (*Essai littéraire et grammatical*, Hamburg 1875. S. 23, Note 61) angibt, steht nicht hier, sondern erst bei Gottsched im *Nöthigen Vorrath*, S. 61.
[3]) Es zählt ungefähr 725 Verse.

worden sei, und dann deren Inhalt kurz angibt. Hierauf tritt Elsa mit ihren Klagen über das mühselige Dasein auf, das sie durch eine drastische Wendung recht anschaulich zu machen versteht[1]), ebenso wie Henno sein heruntergekommenes Aussehen in ein helleres Licht zu setzen weiss[2]). In der darauffolgenden Unterredung mit Dromo versteht er den Herrn herauszukehren, indem er diesem im Falle der schlechten Besorgung seines Auftrags Strafe androht[3]). Die nächste Szene zwischen Elsa und Greta bietet nichts bemerkenswertes. Greta rät der ersteren, sich für einen Schilling bei Alcabicius Rats zu erholen, worauf diese mit Freuden eingeht[4]). Beide begeben sich nun zum Astrologen. Als dieser die Bäuerin fragt, um welche Zeit der Diebstahl geschehen sei, bekennt sie ihre Unwissenheit, weil der Messner die Uhr ungleich stelle, führt aber gleichzeitig einen wahrscheinlichen Grund für diese Nachlässigkeit an[5]). Die hässliche Gewinnsucht des Alcabicius charakterisiert sich hier recht deutlich durch die hämische Genugthuung, mit der er sich über den so leichten Erwerb des Schillings freut.[6]) In die folgende Szene hat Hans Sachs durch Einstreuung einiger Verse einen komischen Zug zu bringen verstanden, indem nämlich Elsa mit einem allerdings etwas unvermittelten Übergange das Wort **dieb** hinwirft, wodurch sich sowohl Henno, als auch Dromo getroffen fühlen; beide verwahren sich gegen einen ähnlichen Verdacht[7]).

---

[1]) *Fürwar, mir kommen thut*
Zu spat am abend alles gut,
Das ich mein haut gar kaum ertrag. S. 126, V. 10—12.
[2]) *Stro muss ich in mein stiffel schoppen.* S. 126, V. 20.
[3]) *Darumb so richt es fleissig auss*
Oder komb mir nit in das hauss. S. 128, V. 6—7.
[4]) *O, nachbewrin, das ist mir lieb,*
Der schillinger wird nützer sein
Und besser, dann der zoll am Rhein.
[5]) *Fürwar, das kann ich wissen nicht,*
Weil unser messner ungleich richt.
Nach dem er trinkt, richt er die uhr,
Wir richten uns nach der Sonne nur. S. 132, V. 4—7.
[6]) *Nun ich hab einen schillig erloffen.* S. 134, V. 1.
[7]) Elsa, die bewrin, spricht:
Der Dromo würds nit geren sehen
(nämlich, dass Abra als Magd zu Danista ginge)
Weil sie einander haben lieb.
Jetzt kombt mir in mein sinn der dieb.
Henno, der bawer, spricht:
Wer ist der dieb, darvon du sagst?
Elsa, die bewrin, spricht:
Schweig! nur kein ehr du hie erjagst
Dromo spricht:
Wer ist der dieb? du meinst leicht mich.

Der Anfang des dritten Aktes zeigt uns, wie sich Henno mit Weib und Knecht zur Fahrt nach der Stadt rüstet. Er gibt letzterem seine Befehle, wobei dieser, wahrscheinlich von seinem bösen Gewissen getrieben, sich veranlasst fühlt, dem Herrn seine unwandelbare Treue zu versichern.[1]) Sie kommen in die Stadt und Henno wird von Danista, der vorher noch einen kurzen Monolog gehalten hat[2]), um das Geld für das Tuch gemahnt. Die nun folgende Szene sticht durch ihre Lebendigkeit vorteilhaft von der entsprechenden lateinischen ab, wo bei keinem der Teilnehmenden die mindeste Erregung bemerkbar ist, obgleich doch sowohl Henno als auch Danista in Anbetracht des frechen Leugnens Dromo's alle Ursache dazu hätten. Gleich als der Bauer behauptet, das Geld gesandt, aber kein Tuch erhalten zu haben, gerät der Tuchhändler in Zorn und zeiht ihn der Lüge[3]). Ebenso antwortet Henno mit einer kräftigen Verwünschung, als Dromo den Empfang des Geldes in Abrede stellt[4]). Das lateinische Wortspiel zwischen „fur" und „bos" ist geschickt umgangen. Auch die beleidigte Unschuld weiss der Knecht gut vorzustellen, und die Androhung der Klage ist noch deutlicher gefasst, als im Original[5]). Dasselbe Bestreben, die Situationen durch den Dialog schärfer zu charakterisieren, hat der Dichter, mit Übergehung der Szenen zwischen Petrucius und Dromo, die ausser einem kurzen

---

[1])   *... geh vor nur hin!*
        Dein treuer knecht ich alzeit bin. S. 136, V. 11—12.
[2])   *Ich bin heint glegen und hab gesorgt*
        Hab gester eim bawernknecht tuch borgt,
        Der sagt, sein bawer wirt heut kommen,
        Mich zaln; hab in doch nit vernommen.
        Ich fürcht, der bawer brauch gefer.
        Dort geht er eben gleich daher. S. 136, V. 14 ff.
[3])   *Du leugst und das du werst gehangen!*
        Das tuch hab ich geschicket dir
        Und ist kein pfenning worden mir. S. 137, V. 6—8.
[4])   *Ey, das schüt dich der jar-ritt!* S. 138, V. 12.
[5])   Danista, der gwandschneider, spricht:
        O, o, du frummer knecht Dromo!
        Ein mensch dreyer buchstaben scharff!
        Ein dieb ich nit wol sagen darff.
        Du bist mir noch nit ubern graben.
        Dromo, der knecht, spricht:
        Was ist ein mensch dreyer buchstaben?
        Mich dunckt, du redst mir an mein ehr.
        Schweig stiller! ich sag dir nit mehr
        Weil ich nichts unehrlichs hab than,
        Du must sunst vor den richter gan.
                                S. 138, V. 19 ff.

Eingangsmonologe des ersteren nichts Originelles bietet[1]), in der Gerichtsszene und der darauffolgenden zwischen dem Knechte und Advokaten. In der ersteren ist es der betrogene Danista, der auf den Rat der Richters, den *Blee* schreienden Narren Dromo ziehen zu lassen, seine gerechte Entrüstung in den Umständen entsprechende kräftige Worte zu kleiden weiss[2]). Und als sich in der letzteren bei Forderung seines Judaslohnes Petrucius von Dromo mit seinen eigenen Waffen geschlagen sieht, leiht er seinem ohnmächtigen Grimme einen an die französische Farce erinnernden Ausdruck.[3])

Am meisten ist wohl die. letzte Szene von Hans Sachs selbständig ausgearbeitet. Diese erscheint allerdings bei Reuchlin über das Knie gebrochen. Henno kommt, über Dromo höchst aufgebracht, aus der Stadt zurück, geht aber trotzdem sofort auf den Vorschlag Greta's, Dromo wieder in Gnaden anzunehmen, ein und verspricht diesem seine Tochter zum Weibe, wenn er den Hergang der Streitsache erzähle. Der Knecht thut es, Henno

---

[1]) *Man wird itzt sitzen zu gericht,*
Bin doch von niemandt bstellet nicht,
Dem ich daran sol procuriern.
Wil niemandt heut mein hendt mir schmiern?
S. 139, V. 10 ff.

[2]) *Ich wil dir folgen wie ein engel.*
Es heb sich diser galgenschwengel,
Der nass, verschlagen, diebisch knecht!
Gen im ich fallen lass das recht. S. 144, V. 15 ff.

[3])   Petrucius stösst Dromo und spricht:
Du narr, gib end! lass mich verstan!
Ich muss ietzt zu dem rechten gan.
Dromo:
Blee.
Petrucius:
Ich halt dich für ein argen lecker.
Ich wolt, du legest in dem Necker,
Du undankbarer, grober büffel,
Du unverstandiner filtz und schlüffel,
Weil ich von dir nit bringen kon
Mein wol-verdieneten liedlon,
Nemlichen die zwen gülden noch.
Wiltu mirs geben? sag mirs doch!
Dromo:
Blee.
Petrucius:
Sichst dus, du schalck? ich sag dirs zu,
Ich wil nit haben rast noch rhu,
Biss ich das geltlich von dir bring
Und dich noch mit dem hencker zwing.
Wil ietzt nit weiter mit dir balgen
Heb dich zum teuffel an den galgen. S. 145, V. 21 ff.

fragt Abra, nach einigen Dromo belobenden Bemerkungen Greta's, ob ihr der Knecht gefalle; sie antwortet: placet, und es erfolgt die Vereinigung der jungen Leute. Die Art und Weise, wie nun der Nürnberger Poet diese fasst skizzenhafte Kürze erweitert hat, ist höchst ergötzlich. Gleich der Zornesausbruch Henno's bei seiner Heimkehr gibt eine Probe davon[1]). Durch die Reden der Elsa und Greta wird er nach und nach beruhigt, und er gibt endlich seine bedingte Einwilligung zur Versöhnung mit Dromo[2]). Dieser erscheint, erzählt ausführlich die Geschichte seines Betruges und bittet nochmals um die ihm vorher schon versprochene Hand Abra's. Elsa und Greta unterstützen ihn hierbei, welch letztere uns eigentümlich anmutende Vorzüge des Knechtes hervorhebt[3]). Der Bauer fragt nun die beiden jungen Leute, ob sie einander gefielen; diese bejahen es und schildern ihre Liebe in drastischen, zum Teil gar zu derben Worten[4]). Droma erhält nun Abra zum Weibe, und Elsa und Greta wünschen Glück, wobei letztere fragt, wann die Hochzeit sein solle. Da antwortet Henno:

Die hochzeit wöl wir haben heut,
Weil bey uns sind vil erbar leut.
Nun seyd geladen allgemein,
Fröhlichen heut mit uns zu sein.

[1]) *Ich bin so zornig als ein schaf,*
Das ich verspottet werd mit straf. S. 147, V. 29—30.
[2]) *Ja, wil mir trewlich dienen er*
Wie vor, so heiss ihn kommen her. S. 149, V. 8—9.
[3]) Gredta, die nachbewrin, spricht:
Henno, ich bit dich: gib auch du,
Den deinen willen bald darzu.
Ob er gleich arbeit nit fast gern
Hülfft er doch grosse schüsseln lern.
Umbs trincken darffst ihm auch nit straffen,
Zwölff stund kan er ungessen schlaffen. S. 150, V. 32 ff.
[4]) Henno, der bawer, spricht:
Fürwar, die sach die ist gar schlecht,
Doch muss ich in fragen allein:
Begerstu auch der tochter mein?
Dromo spricht:
Ja, mir gefelt die weidlich dirn
Für gfrorn ruben und holtz-birn,
Für hutzelwasser und öppfelwein.
Wie möcht sie mir denn lieber sein?
Henno, der bawer spricht:
Geh her, Abra! sag auch mir!
Gfellt Dromo zu eim gmahel dir?
Abra spricht:
Ja, vatter, auss der massn wol.
Mein hertz steckt gen im liebe vol,
Geleich wie ein esel mit furtzen. S. 151, V. 3 ff.

Auff das werd unser freude gantz.
Mach auff spilmann, ein bawrendantz!
Da dantzt man, heisst es dann weiter, wenn man gedantzt hat, so beschleuss der ehrenholdt, nämlich mit der Moral. Diese ist eine dreifache: Ist erstens im Hause ein trinkender, spielender, bübischer Mann, so kann die Frau noch so sparsam sein und noch so viel arbeiten, die Wirtschaft geht zurück. Hat ferner eine Herrschaft ein untreues Gesinde,
Sie komet auch nit auff grünes zweyg,
Fint sich zuletzt in dem auskeren.
Wer endlich oft im Gerichte liegt,
Dem geht sein handel und gewin
Auch mit dem procurator hin.

Die *Comedi* schliesst mit der Ermahnung, dass Eheleute in Liebe und Eintracht zusammen leben und wirken sollen, ohne Geheimnisse vor einander zu haben, und mit dem Wunsche, dass jedermann sich nach den eben ausgesprochenen Lehren richten möge.

Hans Sachs hat den deutschen Stoff, wie ihn Gervinus nennt, durch seine Übertragung sozusagen noch recht verdeutscht. Seine Sprache passt vortrefflich zu den Personen, die sie reden, und flösst denselben gewissermassen ein höheres Leben ein. Ebenso tragen die vorhin erörterten Erweiterungen des Reuchlin'schen Textes wesentlich dazu bei, uns die Gestalten des Stückes in schärferen Umrissen und plastischer hervortretend erscheinen zu lassen.

Eines merkwürdigen Umstandes sei an dieser Stelle noch gedacht. An zwei Punkten scheint die Dichtung des Hans Sachs direkt auf die französische Farce hinzuweisen. Die Farbe des in Frage kommenden Tuches nämlich wird als blau bezeichnet,[1]) was sich im *Henno* nicht findet, ebensowenig wie das Selbstbekenntnis des Petrucius, nachdem er von Dromo betrogen worden ist.[2]) Doch sind diese Anklänge wohl zu unbedeutend, um daraus schliessen zu können, dass Hans Sachs den *Patelin* gekannt habe.

---

[1]) Danista. *Ja glaub. ich hab . . .*
 . . . . . . geben . . .
 Ein blawes tuch. S. 138, V. 1—3.
 Le Drappier à Patelin. *Voulez vous de ce pers cler cy?* 228.
[2]) Petrucius. *Ich hab auch manchen mann betrogen*
 Bey der nasen am recht umbzogen,
 Betreugt mich gleich ein bawrenknecht,
 Duncki mich, mir gscheh nit gar unrecht.
 S. 146, V. 17 ff.
 Patelin. S. Seite 17, Note 1.

3. Die Komödie Gregor Wagner's.

Nicht lange nach Hans Sachs veranstaltete der Magister Gregor Wagner eine andere Übersetzung der *Scenica progymnasmata*.[1]) Sie schliesst sich in Bezug auf den äusseren Umfang enger an das Original an, bleibt aber sonst weit hinter der Hans Sachs'schen zurück. Dass Wagner mit dieser bekannt gewesen, scheinen einige, vielleicht nicht unwesentliche Punkte, in denen seine Arbeit mit der des Nürnberger Dichters übereinstimmt, vermuten zu lassen. Schon der Titel weist auf Hans Sachs hin,[2]) ebenso wie die *Lere* der ersten Handlung, in welcher es heisst, dass das grösste Gut vergehe, wenn der Mann in Saus und Braus dahinlebe, und dass vielmehr die Gatten in Liebe und Eintracht zusammen arbeiten sollten; endlich Elsa's Kritik des Messners.[3])

Diese drei Punkte scheinen es, wie gesagt, zuzulassen, eine Abhängigkeit Wagner's von Hans Sachs zu konstatieren.

Originell an dieser Übersetzung sind die jedem Akte angehängten *Leren*, die jedoch dem Stücke keineswegs zur Zierde gereichen, denn es macht sich in ihnen eine so langweilige Didaktik geltend, und der Verfasser hat Gelegenheit genommen, seine Kenntnis der Bibel und des klassischen Altertums in einer Weise auszukramen, dass er den Leser eher abstösst als anzieht. Die Lehre der ersten Handlung predigt wider den Geiz; die Geizigen werden der Freuden des Paradieses nicht teilhaftig. Dann spricht sie die schon erwähnte Ermahnung an die Eheleute aus. Die Lehre der anderen Handlung preist Kunst und Wissenschaft.[4]) Unter den hier angeführten Beispielen für den Segen dieser ist besonders bemerkenswert das des Kaisers Maximilian, der gesagt habe, er könne wohl Fürsten, Grafen und Ritter machen, aber keine Doktoren. Die Lehre der dritten Handlung

---

[1]) *Ein hübsche deutsche comedi die da lert das Untrew seinen eigen Herrn schlecht. Durch Magist. Gregorium Wagnerum mit einer Vorrede vom geistlichen kampf an den Erbarn Vhesten Christoff Pruckmann.* Anno 1547. Frankfurt a. d. Oder.

[2]) Dromo. *Betrog in mit eignem betrug,*
Das untrew iren herrn schlug. S. 150, V. 18—19.

[3]) *Der seiger was nicht recht gericht*
Unser kustner verstehts nicht vil
Die kann ist sein gewisser zil.

[4]) *Die ander handlung gibt an den tag*
Was wol die edle kunst vermag
Damit der welt gedienet wird.
Dazu ist sie ein schöne ziert
Einem reichen ein gülden kron
Dem armen gibt sie guten lohn.

bringt ein Lob der Wahrheit und belegt den Segen derselben mit Beispielen aus Bibel und Altertum. Die Lehre der vierten Handlung meldet, dass derjenige, welcher viel mit dem Gerichte zu thun habe, in grosse Fährlichkeit gerate. Sie warnt die Richter vor parteiischem Urteile, wofür die Schrecken der Hölle angedroht werden. Die Lehre der fünften Handlung endlich spricht die Moral aus, dass ein Betrüger sich des unredlich erworbenen Gutes nicht erfreuen könne, er finde stets seinen Meister. Und nun folgt eine Reihe von Beispielen von wahrhaft ermüdender Länge. So die Geschichte von Laban und Jakob, von Susanna, von Saul und David, von König Darius, von Daniel, und noch viele andere.

Inbezug auf die Namen der handelnden Personen sind einige Änderungen eingetreten. Der Bauer heisst Heintz,[1]) der Knecht Rompelt, die Tochter Kethe, der Kaufmann Schalmach und wird als Jude eingeführt, des Richters Knecht Maulusch, Petrucius wird wie später bei Wickram und im Luzerner Neujahrspiele *der Fürsprech* genannt.

Auf eine nähere Besprechung dieses Stückes, die wenig Interessantes bieten würde, wollen wir nicht eingehen und glauben das um so eher unterlassen zu können, als es bei der Untersuchung des Luzerner Neujahrspieles, mit dem es unserer Meinung nach im Zusammenhange steht, noch heranzuziehen sein wird.

Aus dieser Komödie hat wahrscheinlich Wickram die Anekdote: *Von einem, der ein fürsprechen vber listet vnd hat jn der fürsprech das selbs gelert*[2]) entlehnt, sofern diese überhaupt auf schriftlicher Quelle beruht. Sie führt uns die bekannte Episode mit der wenig feinsinnigen Erweiterung vor, dass der Fürsprech auch seinerseits, um den Klienten zur Zahlung des versprochenen Lohnes zu zwingen, diesen vor Gericht zieht, wo sich die *Ble*-Szene dann noch einmal abspielt. Sie schliesst mit den Worten: *Also muost der redner das wort Blee für seine vier gulden zuolon han, und traff untrew jren eijgen Herrn.* Den *Henno* direkt kann Wickram nicht benutzt haben, da er kein Latein verstand.[3])

---

[1]) Man könnte dabei an eine Verwechselung von *Henno* mit *Heino* denken.

[2]) *Das Rollwagenbüchlein*, hgg. von Heinrich Kurz (VII. Band der *Deutschen Bibliothek*), S. 59.

[3]) Kurz sagt ausdrücklich in der Einleitung S. VI, Note 2: *Jörg Wickram ... war des Lateinischen unkundig, wie er selbst in der Zuschrift des Ovid berichtet*. Wir erwähnen dies, weil Geiger S. 91, Note 4, ebenfalls mit Berufung auf Kurz, sagt: *Mir ist kein zweifel, dass Wickram die Anekdote aus Reuchlin hat.*

4. Das Luzerner Neujahrspiel.¹)

Weit selbständiger als die beiden eben besprochenen Komödien und deshalb auch viel interessanter ist die unter dem Namen des Luzerner Neujahrspiels bekannte und nach Goedeke²) aus dem Jahre 1560 stammende Nachahmung des *Patelin-Henno*. Rüedi, so ist kurz sein Inhalt, befiehlt seiner Frau Gret, alles gut zu verschliessen und wohl zu verwahren, da die diebischen Heiden (Zigeuner) im Lande seien. Sie ist mit dieser Vorsichtsmassregel einverstanden, fügt aber dann hinzu, es wäre besser gewesen, wenn er schon längst diese Sorge für die häuslichen Angelegenheiten gehabt hätte, statt von früh bis spät im Wirtshause zu sitzen. Sie hält ihm seinen liederlichen Lebenswandel vor und redet sich dabei so in den Zorn hinein, dass dem Rüedi die Gegenwart des gaffend dabeistehenden Stallknechtes unbequem wird, und er diesen mit einigen auf die Wirtschaft bezüglichen Befehlen entfernt. Darauf sucht er sein Weib mit dem Versprechen zu beruhigen, sich nun bessern und tüchtig arbeiten zu wollen. Da tritt ein Zigeuner heran, von dem sich Rüedi wahrsagen lassen will. Obgleich ihn Gret deswegen thöricht schilt, führt er seinen Vorsatz aus. Der Zigeuner sagt ihm wahr, dass er sein Hab und Gut vertrinke, ein wunderliches Weib habe, das heimlich spare, und dass er, wenn er nur bessere Kleider anhabe, ein gewaltiger Mann im Dorfe werden würde. Als Lohn gibt Rüedi dem Zigeuner das Versprechen, ihm bei seinen Diebereien durch die Finger sehen zu wollen, wenn er einmal Amtmann sein würde. Am Anfange des zweiten Aktes bittet Rüedi seine Frau um Geld, damit er auf der Hochzeit von Rüffli's Tochter anständig gekleidet erscheinen könne, und verspricht ihr einen schönen Rock, wenn er erst Amtmann sei. Gret wird wieder zornig, sie habe nichts und wenn er sie nicht in Ruhe lasse, würde sie sich bei ihren Verwandten über ihn beschweren. Da meldet der Stallknecht seinem Herrn, dass er ein Tüchelchen mit acht rheinischen Gulden im Stalle gefunden habe, die wahrscheinlich die Ersparnisse der Frau seien. Rüedi gebietet ihm Schweigen und schickt ihn in die Stadt, um bei dem Tuchhändler, den er ja kenne, Tuch zu einem Rocke zu kaufen, wie er einem zukünftigen Amtmanne gebühre. Der Knecht reitet nach der Stadt. Der dritte Akt führt uns vor Augen, wie der Stallknecht dem Kaufmanne das Tuch ab-

---

¹) S. *Schauspiele des Mittelalters*, hgg. v. Mone, Karlsruhe 1846. II, S. 367—410.
²) Vgl. *Grundriss zur Geschichte der deutschen Dichtung*, Hannover 1859, I, S. 304, Note 87.

zuschwindeln sucht. Letzterer will anfangs dasselbe nicht auf Borg hergeben, doch schliesslich, nachdem der Knecht seinen Herrn gelobt, dessen Name ja in des Kaufmanns Büchern stehen müsse, liefert er es aus. Der Knecht kehrt zurück und meldet Rüedi, er habe kein Tuch mitgebracht, da er nicht wisse, von welcher Farbe es sein solle. Das Geld habe der Tuchhändler einstweilen zurückbehalten, der Herr solle am nächsten Markttag selbst kommen und sich aussuchen, was ihm gefiele. Rüedi bricht sofort nach der Stadt auf, da er fürchtet, der Kaufmann wolle das Geld für ältere Schulden behalten. Nach seinem Weggange klagt Gret der Gevatterin, dass ihr Geld gestohlen sei. Diese hält ihr das Unrecht vor, Geld zu verstecken; Gret meint, dass es am Ende die Kuh verschluckt habe, in deren Gedärmen sie es dann wiederfinden könne, wenn dieselbe zum Herbst geschlachtet würde. Die Gevatterin rät ihr, vorerst noch einmal genau im Stalle zu suchen.

Im folgenden Akte sehen wir Rüedi und den Tuchhändler in eifrigem Gespräche; beide sehen sich, wie bei Reuchlin, durch den Knecht betrogen. Der Tuchhändler will letzteren verklagen, bittet aber Rüedi, demselben nichts davon zu sagen, damit ihm die Vorladung vor Gericht ganz unerwartet komme. Rüedi verspricht es und geht heim.

Der letzte Akt bringt die bekannte Entscheidung. Der Läufer verkündet Rüedi, er solle mit dem Knechte zur Stadt kommen. Rüedi befiehlt diesem, sich zur Fahrt nach der Stadt zu rüsten, um durch den Verkauf von ländlichen Produkten für die bevorstehenden Feiertage Geld zu lösen. In der Stadt angekommen bringt er ihn zum Tuchhändler, welcher ihm wegen seines Schelmenstreiches ernste Vorstellungen macht und ihm zuletzt mit dem Galgen droht. Hierdurch fühlt sich der Knecht an seiner Ehre angegriffen und spricht von Beschwerdeführen. Die streitenden Parteien kommen vor Gericht, und der Kaufmann lässt seine Klage durch einen Fürsprech vortragen. Unterdessen verhandelt der Knecht mit seinem Fürsprech und verspricht ihm acht Gulden, wenn er ihn rette. Dieser rät darauf seinem Klienten, den Narren zu spielen und erklärt nun dem Gerichtshofe, der Beklagte könne nicht sprechen, eine Behauptung, welcher der Tuchhändler eifrig widerspricht. Der Richter verhört den Knecht, der auf alle Fragen mit *Weiw* antwortet. Darüber zornig nennt er ihn einen Esel von vier Ahnen und befragt den Gerichtshof um seine Meinung. Vier Mitglieder desselben sprechen sich nacheinander dahin aus, dass der Beklagte ein Narr und freizusprechen sei. Es geschieht und der zornige Tuchhändler erklärt, sich eine Lehre daraus ziehen zu wollen und niemals wieder Tuch auf Borg zu geben. Rüedi beruhigt sich mit einer kurzen Betrachtung seiner eigenen Handlungsweise und mit der Aussicht, vielleicht Tuch und Geld noch bei dem Knechte zu finden. Des Knechtes Fürsprech verlangt nun seinen Lohn, erhält aber auch nichts weiter als das *Weiw, Weiw* des pfiffigen Burschen. Der Narr macht noch einige moralisierende Bemerkungen; ebenso der Beschluss, der dann den Versammelten zum neuen Jahre Glück wünscht.

Es ist auf den ersten Blick ersichtlich, dass dieses Stück die Elemente des *Henno* enthält. Da aber wohl anzunehmen ist, dass der Luzerner Dichter ebenso wie der französische ein Volksdichter gewesen sei, ist es auch verständlich, dass der von Reuchlin gegebene Stoff in den Einzelheiten dem Zwecke dieser Dichtung gemäss, nämlich zur Belustigung des Volkes zu dienen, entsprechend umgestaltet und so ein Werk geschaffen wurde, das sich in der äusseren Form wieder seinem französischen Urbilde näherte. Der Dichter des Neujahrspiels entfernte deshalb zunächst die künstlich eingefügte Heiratsgeschichte, ferner die Astrologenszene, deren eigentliche Bedeutung er nicht mehr verstehen konnte. Sein natürliches Gefühl veranlasste ihn dann, den für die Entwickelung des Stückes so wichtigen Tuchschwindel des Knechtes, der bei Reuchlin nur kurz gemeldet wird, auf offener Szene ausführen zu lassen. Dass der Dichter mit einer scharfen, praktischen Beobachtungsgabe ausgerüstet war, dokumentiert sich in der Einführung der menschlichsten aller menschlichen Unvollkommenheiten, des Aberglaubens, als treibendes Motiv; und diese Gabe befähigte ihn nun auch bei manchen seiner Gestalten zu einem Grade natürlicher Charakteristik, wie er sich bei Reuchlin und selbst bei Hans Sachs nicht findet. Dies gilt in erster Linie von der Gret: die Gestalt Reuchlin's, die sich unbedingt unterordnende, nicht die Kraft zu selbständigem Handeln besitzende, ewig jammernde Elsa ist eine kräftige, selbstbewusste Bauersfrau geworden, die sich auf eine, die ehemännische Autorität Rüedi's fast schädigende Weise Geltung zu verschaffen weiss[1]) und sich diesem auch in geistiger Beziehung überlegen zeigt, indem sie ihn einen Thoren schilt, das

---

[1]) Gret. *Wan der knecht getröschet hat*
Und man sölt faren in die stat,
vermeint ein geltli han gelöst.
so was es als vorhin verdöst
und stuont dem wirt als an der wand,
es ist werlich und gott ein schand.
. . . .

zu glauben, was Zigeuner wahrsagen. Dementsprechend hat sich auch der Charakter Rüedi's im Vergleich zu dem Henno's verändert, ist aber infolge dessen in seiner Wirkung auf den Zuschauer oder Leser weniger sympathisch. Die beinahe an Kriecherei grenzende Freundlichkeit, mit welcher er seiner keifenden Frau gegenübersteht und deren Strafpredigten über sich ergehen lässt, müssen ebenso unangenehm berühren wie die Art und Weise, in welcher er von derselben Geld zu erbetteln sucht.[1]) Dass dies nicht auf Rechnung einer gewissen Beschränktheit zu setzen ist, zeigt er dem Zigeuner gegenüber, welchem er schlauer Weise Belohnung verspricht, wenn er Amtmann sein würde; auch beim Tuchhändler, mit dem er sich nicht, wie Henno, herumzankt, sondern ein gemeinsames Vorgehen gegen den diebischen Knecht bespricht. Ebenso natürlich gezeichnet, aber ungleich freundlicher steht der Tuchhändler vor uns. Er ist der zuvorkommende, aber dabei vorsichtige Geschäftsman, den man wegen seines Verlustes bedauern könnte, wenn seine Worte am Schlusse der Gerichtsszene nicht ahnen liessen, dass er bei dem Tuchverkauf nicht ganz redlich gehandelt habe.[2]) Trotzdem sticht er vorteilhaft von dem polternden Dummkopfe Danista ab.

Hat sich nun der Luzerner Poet in den eben erörterten Punkten, sowie auch in der Ausmalung der Gerichtsszene, die bei weitem nicht von der versteinerten Monotonie derjenigen des *Henno* ist, dem Reuchlin überlegen gezeigt, so steht er in der Zeichnung der Gestalten des Knechts und des Fürsprechs, sowie in der Ausnutzung der in der Fabel vorhandenen komischen Pointen tief unter diesem. Der Stallknecht hat Ähnlichkeit mit dem pfiffigen Burschen Dromo eigentlich nur da, wo er ohne Geld und Tuch aus der Stadt zurückkehrt und seinem Herrn hierfür glaubhafte Gründe anzuführen weiss. Sonst ist von einer

---

Ich mags die lengi nit vertragen,
ich weltz ee minen fründen klagen,
dan es ist gar ein gantzen wuost,
dasst mir min vetterlich erb vertuost.
Rüedi. *Ja min Gred, uff guoter dingen,*
las dich din zorn nit über ringen
es ist war ich bin liederlich gsin.
Ob gott wil, ists nun als dahin
und wil mich recht in karrn schicken. V. 57 ff.

[1]) *Ey min hunderdusige Gret,*
denck an daz guot, daz ich dir det,
do ich dich nam zuo der ee. V. 60—63.

[2]) *Der düfel hat mich beschissen und suns jeman,*
des gewins darf ich mich nit rüeman,
den ich an disem duoch han ghan. V. 805—807.

solchen wenig vorhanden. Als einen albernen Tropf zeichnet ihn der Dichter gleich am Anfang des Stückes, wo er dem Rüedi das gefundene Geld abliefert, um ihn dann mit vieler Mühe darum zu betrügen. Und von der Szene, in der Dromo den Rat des Petrucius wünscht, die doch so wesentliche Momente zu der Zeichnung dieser beiden Charaktere liefert, ist im Luzerner Spiel fast gar nichts vorhanden. Der Zug, dass Dromo sich wegen der ihm von Danista gewordenen Beschimpfung beschweren will, ist zwar auch auf den Stallknecht übergegangen,[1]) macht aber hier bei weitem nicht den Eindruck wie im *Henno*, da überhaupt diese ganze Szene der Komik der entsprechenden Reuchlin'schen vollständig entbehrt, weil sich Rüedi und der Tuchhändler schon gütlich verständigt haben, also die aus dem Verdachte des gegenseitigen Betruges dort erwachsende komische Verwirrung gar nicht eintritt. Was schliesslich die Gestalt des Fürsprechs anbetrifft, so kann bei dem nur sporadischen Auftauchen derselben im Stücke von einer individuellen Charakteristik nicht die Rede sein. Sie steht vor uns wie der Advokat in den Anekdoten von Domenichi oder Wickram, d. h. ohne eigentliches dramatisches Leben.

Wir lassen nun noch einige Bemerkungen folgen, zu denen Äusserlichkeiten in diesem Spiele den Anstoss gegeben haben. Die vollständige Verständnislosigkeit des Dichters für die künstlerischen Feinheiten, die Reuchlin's Komödie eigen sind, sowie die konfuse lateinische Aktbezeichnung[2]) lässt vermuten, dass derselbe kein Latein verstanden, also auch nicht direkt den *Henno* als Vorlage gehabt habe. Am leichtesten zugänglich war damals die 1547 erschienene Übersetzung Gregor Wagner's, und diese hat denn auch der Luzerner Dichter augenscheinlich benutzt. Gleich die Anfangsrede des Exklamators führt fast den gleichen Gedanken durch, wie die Vorrede zu Wagner's Komödie. Der Exklamator sagt, dass zu dieser Zeit das eifrige Bestreben aller Stände dahin gehe, möglichst viel zeitliches Gut zu erlangen. Die Art und Weise, wie das geschehe, sei gleichgiltig, nach Ehre brauche nicht mehr gerungen zu werden,

dan nach dem guot kumpt eer ouch mit.

---
[1]) *Der worten sind mir ingedenck,
geltent won ich üch daz schenck
bis mir min eer wirt wieder geben.
Got der nem mir min leben,
des rechten wil ich üch nit erlon
und sött ich sij um den grint kon.* V. 635 ff.
[2]) 1. A.: gar keine Bezeichnung; 2. A.: Secundus actus; 3. A.: Tertius actus; 4. A.: Quartus actus; 5. A.: Actus quartus; 6. A.: Septimus actus.

Wagner führt dem Titel seiner Dichtung gemäss nicht inbezug auf den Begriff zeitlich Gut, sondern Untreue denselben Gedanken aus: in allen Ständen sei heutzutage grosse Untreue zu finden, und derjenige, welcher den anderen am geschicktesten betrügen könne,
erhelt bei allen platz und rhum.
Eine weitere Beziehung zwischen beiden Stücken findet sich in einer Rede der Gret-Elsa, deren Charakter schon bei Wagner etwas von seiner weichlichen Verschwommenheit verloren hat, ein Prozess, der dann im Luzerner Spiel vollständig durchgeführt ist. Beide Frauen meinen im Hinblick auf das ausschweifende Leben des Mannes, dieser scheine zu glauben, das Geld liege auf der Strasse.¹) Auch die Schlussrede des betrogenen Advokaten scheint auf einen Zusammenhang hinzudeuten.²)

Überschauen wir das ganze Neujahrspiel in seinen Beziehungen zu Reuchlin oder Wagner, so müssen wir unbedingt zugestehen, dass der Dichter desselben eine bedeutende geistige Selbständigkeit zeigt, dass er niemals übersetzt, sondern nur die Grundgedanken seiner Vorlage in sich aufnimmt, um sie dann in neuer, freier Form wieder an das Licht zu bringen. Diese geistige Selbständigkeit bethätigt sich schliesslich noch in der Wahl des Ausdrucks, mit dem der Knecht die Richter und seinen Advokaten überwindet. Das *Ble* seines Vorbildes konnte er nicht verstehen, da in diesem Dromo und Rompelt nicht mehr Schäfer sind, also die innere Berechtigung obigen Ausdrucks fortfiel. Aber was ist das dafür eingetretene *Weiw* des Stallknechtes? Wir erinnern uns, dass die in unserer Einleitung erwähnte, in der italienischen Litteratur an die Farce Patelin erinnernde Anekdote dem Schäfer vorschrieb, auf alle an ihn gerichteten Fragen zu pfeifen. Könnte nun das *Weiw* nicht der in artikulierte Laute übersetzte Pfiff des Italieners sein?

---

¹) Wagner, A. I, Sz. 2: *Solt ichs also gering wegen*
Gleich kündt mans von den mören fegen.
Luzerner Spiel. *Und wiltz du mir als ab erschinden,*
als kunt ich gelt am weg finden. V. 90-91.
²) Wagner, A. V, Sz. 1: *Drumb gib mirs geld du loser man*
Hett dich vor redlicher geacht
Als ich deine sache gut macht
Du werst sonst wol lang am prangen
Oder sonst wol gar gehangen.
Luzerner Spiel. *Der tüffel het mich mit dir beschissen*
und sött ichs vorhin söllen wissen,
ich wet im anders han gethon,
also werist nit dar von kon. V. 845 ff.

Grazzini schreibt allerdings dem Arzigogolo *Sff* vor, doch ist es entschieden richtiger, bei der schriftlichen Wiedergabe des Pfiffes ein Wort zu wählen, das sowohl am Anfang wie am Ende einen Labial- oder Dentallaut zeigt, wie ihn ja in der That das Wort Pfiff besitzt. Dass sich italienischer Einfluss bei der Sprache des Luzerner Dichters geltend macht, dafür haben wir in seiner Dichtung selbst Belege. Es kommt einige Male (V. 457 und 571) die Form *allde* vor, welche auffallend an das italienische *al dio* erinnert;[1]) auch *comun* (901) für Gemeinde deutet auf *comune*. Zieht man dies in Betracht, sowie dass die italienische Sprache und Litteratur im XVI. Jahrhundert sich einer grossen Ausbreitung gerade in der Schweiz erfreute, so erscheint es nicht unmöglich, dass unser Dichter die italienische Anekdote gekannt habe. Vielleicht hat er seine Kenntnis direkt aus Domenichi geschöpft, dessen Facetien ungefähr um dieselbe Zeit im Drucke erschienen, in welche die Abfassung des Neujahrspiels gesetzt wird.[2]) Ein Anklang an die italienische Fassung der in Rede stehenden Episode findet sich noch im Texte des Spiels. Am Schlusse desselben verhöhnt der Narr den überlisteten Fürsprech und fügt hinzu, das Schlimmste sei, dass er sich niemand gegenüber wegen seines Verlustes beklagen dürfe,[3]) ein Gedanke, der sich weder im *Patelin* noch im *Henno*, wohl aber bei Grazzini und Domenichi ausgesprochen findet.[4]) Vielleicht ist auch in der Zigeunerszene, wenn diese nicht durch die zwischen dem Astrologen und den Frauen sich abspielende veranlasst worden ist, der Einfluss eines italienischen Zigeunerdialogs (*Zingarescha*) zu erkennen.[5])

Ist die Annahme, dass der Luzerner Dichter bei Abfassung seines Neujahrspiels unter italienischem Einflusse gestanden habe, richtig, so erklärt sich die früher besprochene und sonst ganz unbegründbare Veränderung der Charaktere des Stallknechtes und des Juristen auf die einfachste Weise.

---

[1]) Schon Mone weist S. 377 darauf hin.
[2]) Uns ist ausser dem 1584 erschienenen Drucke noch einer von 1568 bekannt, der vielleicht noch nicht der erste ist.
[3]) *Daz ist böst, du must im vertragen*
und darfst kein menschen dar zuo sagen. V. 875—76.
[4]) Arzigogolo, A. V, Sz. 6.
Ser Alesso. *E mi bisogna per la vergogna tacere.*
Domenichi. *. . . il dottore, il quale per suo*
honore più non poteva convenirlo
in ragione . . .
[5]) Vgl. Klein, *Geschichte des Dramas* IV, S. 239.

Die Nachahmungen in Frankreich.

Wir unterziehen nun die Nachbildungen der Farce Patelin in französischer Sprache noch einer Betrachtung, die kürzer gehalten werden kann, als die vorige, da die hierbei in Frage kommenden Beziehungen klarer zu Tage liegen. Es ist da zu nennen

1. Le Nouveau Patelin,

im Gegensatze zur alten Farce Patelin so genannt und nach P. L. Jacob in das Jahr 1474 zu setzen.[1)]
Patelin befindet sich abermals in verzweifelter Lage. Zum Glück erinnert er sich seiner ausgezeichneten Fähigkeiten zum Betrügen, die ihn schon einmal in den Besitz von sechs Ellen Tuch gesetzt haben. Er beschliesst, jene zu gleichem Zwecke wieder zu benutzen, und begiebt sich auf den Markt, wo er in einem Pelzhändler bald eine für seine Schwindeleien geeignete Persönlichkeit findet. Er lässt sich mit diesem in ein Gespräch ein, kommt auf ihre beiderseitigen Väter zu sprechen, zwischen denen freundschaftliche, ja verwandtschaftliche Beziehungen bestanden hätten, und warnt ihn davor, allen Leuten Waren auf Kredit zu geben, wie sein Vater gethan habe. Heutzutage seien die Menschen unzuverlässig, sie versprächen stets, morgen zu zahlen, *Mais ce demain ne vient jamais.*
Er kenne jedoch wohlhabende Leute, deren Kundschaft er ihm, da sie ja Verwandte seien, gern verschaffen wolle. Da sei z. B. der reiche Geistliche des Kirchspiels, der eben jetzt für sich und seine Nichte Pelzwerk zu kaufen beabsichtige, da letztere Hochzeit zu machen gedenke. Der Pelzhändler wird ganz Feuer und Flamme für diesen Handel, und Patelin sucht nun ohne weiteres als Freund des Curé das passendste Pelzwerk aus und begiebt sich mit dem Pelletier zur Kirche, wo, wie er letzterem gesagt hat, das Geld gezahlt werden würde. Dort angekommen sagt Patelin dem Priester, da sei ein Mann, der beichten wolle; derselbe leide allerdings an der fixen Idee, dass er Geld für Pelze zu erhalten habe, doch möge er sich dadurch nicht stören lassen und ihm recht ins Gewissen reden. Dem Pelzhändler hingegen meldet er, dass der Priester zum Zahlen bereit sei. Hierauf entfernt er sich mit den Pelzen, den dagegen

---

[1)] Vgl. *Le Nouveau Pathelin à trois personnages, c'est à sçavoir Pathelin, le Pelletier, le Prebstre* bei Jacob, *Maistre Pierre Pathelin, suivi du Nouveau Pathelin et du Testament de Pathelin, farces du XVe siècle.* Nouv. édition, Paris 1859. — Obgleich wir die Schreibung des Namens *Patelin* ohne *h* für die richtigere halten, werden wir doch, da wir nun die Ausgabe Jacob's unserer Untersuchung zu Grunde legen müssen, öfters diejenige mit *h* anzuwenden haben.

protestierenden Pelzhändler mit dem Versprechen beruhigend, ihn im nächsten Wirtshause, wo der Priester für sie ein Essen bestellt habe, erwarten zu wollen. Es ist offenbar, dass hieraus eine komische Verwickelung entstehen muss, und es folgt auch eine Szene, die an burlesker Komik nichts zu wünschen übrig lässt. Der Pelzhändler ist natürlich der Geprellte. Er verlässt zornig die Kirche mit der Drohung, wenn er Patelin im Wirtshause nicht antreffen werde, den Curé trotzdem zur Zahlung zwingen zu wollen. Das veranlasst letzteren zu dem Entschlusse, heute nicht nach seiner Wohnung zu gehen, wohin der Zahlung verlangende Pelzhändler wahrscheinlich kommen werde, sondern bei seiner Gevatterin zu speisen.

Dans le Nouveau Patelin, sagt Jacob,[1]) *la tromperie repose sur l'équivoque des deux mots* despecher *et* depescher, *l'un signifiant* expédier *et l'autre* confesser. Und das ist auch im Vergleiche mit dem „ancien Patelin" das einzige Originelle an dieser Farce, denn im übrigen kann man Schritt für Schritt den Einfluss der alten Farce verfolgen, nur dass jener ein grosser Teil der Feinheit abgeht, mit der in dieser Charaktere und Situationen ausgearbeitet sind. Während diese ein so recht aus dem Vollen geschaffenes Werk *de quelque Molière du XV*e *siècle* ist, wie Littré treffend sagt, zeigt sich uns jene als das Produkt eines mittelmässigen Kopfes, der sich fast auf jeder Seite bei seinem Vorbilde Rats erholt. Wie sein Verfasser, so erscheint uns auch das Werk als ein Durchschnittsprodukt seiner Zeit, ohne eigentlichen originellen Schwung.

Der Patelin dieser Farce ist nicht mehr der alte, dem es gewissermassen selbst Vergnügen machte, seinen Geist und Witz in den glänzendsten Farben spielen zu lassen, und der uns infolge dessen so sympathisch wird, dass wir das Unsittliche seiner Handlungsweise vollständig übersehen und vergessen. Was ihm an Witz und Geist gebricht, sucht er durch ein möglichst anmassendes und auf die Beschränktheit seiner Nebenmenschen berechnetes Auftreten zu ersetzen. Schon der Anfang lässt ihn uns in einem minder günstigen Lichte erscheinen, da er nicht, wie der alte, gewissermassen aus Pflichtgefühl gegen sein Weib den Entschluss fasst, den Betrug zu vollführen, sondern aus reiner Habgier, um nicht in seinen Beutel zu greifen.[2])

Die nun folgende Szene, in welcher Patelin seinen Schwindel

---

[1]) Vgl. Jacob, S. 127.
[2]) *Mais il fault bien que je m'expose*
D'empoigner quelqu'un à la source
Et d'avoir, sans deslier bourse,
Des fourrures pour noz cotelles. S. 130.

ausführt, hat, obgleich sie der entsprechenden in der alten Farce in allen Einzelheiten nachgebildet ist, ein wesentlich anderes Ansehen als diese, da das Verhältnis des Advokaten zum Pelzhändler sich vollständig verschoben hat. Wenn dort letzterer dem ersteren auch nicht gerade misstrauisch entgegentritt, so zeigt er doch eine gewisse Reserve, die dieser erst durch sein liebenswürdiges Geplauder soweit überwindet, dass ihm ein Stuhl angeboten wird. Hier ist es beinahe umgekehrt. Patelin tritt sofort als gewissermassen vornehmer Herr auf, der den ihm demütig mit dem Hute in der Hand entgegentretenden Pelzhändler bedeutet, sich zu bedecken.[1]) Und dieselbe gönnerhafte Rolle spielt er im Verlaufe der ganzen Szene. Er gibt den guten und wohlfeilen Rat, schlechten Bezahlern nichts zu leihen, was dem Kaufmann eine solche Bereicherung seiner Kenntnisse dünkt, dass er sich höflichst dafür bedankt.[2]) Als er sich dann als Verwandten zu erkennen gegeben und dem Pelzhändler wohlwollend bedeutet hat, dass er ihn vermöge seiner ausgebreiteten Bekanntschaft mit vornehmen Leuten in seinem Geschäfte unterstützen wolle, bietet ihm jener sofort seine Ware auf Kredit an.[3]) Doch der Advokat spielt den höchst ehrenhaften Mann, er hasse das Borgen, sucht hierauf aber auf das Drängen des Kaufmanns für seinen Freund und Verwandten, den Curé, Pelzwerk aus, wobei er jenem mit der grössten Kaltblütigkeit in das Gesicht sagt, der geforderte Preis sei viel zu hoch, wenn er ein Betrüger wäre, würde er vielleicht noch mehr zahlen wollen, aber er sei ein ehrlicher Mann.[4]) Endlich kommt der Handel zu Stande und beide begeben sich in die Kirche.

---

[1])   *Couvrez vous dea!*
Ce n'est pas signe de preud'homme,
D'estre si grazieux, comme
Vous estes. S. 131.

[2])   *Vous m'amonnestez*
Beau et bien et vous en remercye. S. 136.

[3])   *S'il vous fault rien, nous en aurons*
Fait en deux mots, car seurement
Tout est bien au commandement
Et n'y eust-il denier comptant. S. 139.

[4])   *Rien, rien. Je vous mercye pourtant,*
Mais quant d'avec moy partirez,
Par ma foy vous emportez
Tout ce que vous debvez avoir.
Je ne hais rien tan que debvoir,
Jamais d'accroire homme ne prie. S. 139.
Ung trompeur (qui le voudroit croire)
En offrirait plus largement,
Mais je en offre tout justement
Ce que en veux payer, sur le pec. S. 145.

Lehnt sich diese Szene in ihrem inneren Aufbau an die alte Farce an, so ist dies vielfach auch in textlicher Beziehung der Fall. So ist der Gruss Patelin's beim Eintritt in den Laden des Pelzhändlers fast genau derselbe wie dort; doch zeigt sich selbst bei dieser Kleinigkeit die grössere Feinfühligkeit für formelle Schönheit und die geistige Elastizität des alten Dichters.¹) Nach Abschluss des Geschäftes wird mit ähnlichen Worten ein *denier à Dieu* als Kaufgeld gegeben,²) und beim Weggange entsteht derselbe Streit zwischen den handelnden Personen, wer das Pelzwerk tragen solle, der hier wie dort mit dem Siege Patelin's endigt.³) Die Redensart *rien, rien*, die der alte Patelin einmal (S. 42) anwendet, gebraucht der neue öfters. Erwähnt sei noch, dass hier sowohl wie in der alten Farce und in dem nachher zu besprechenden *Testament de Patelin* eine Anspielung auf das Rolandslied vorkommt, ein Zeichen, wie beliebt und in den weitesten Schichten des Volkes bekannt selbst damals noch dieses Epos war.⁴)

---

¹) Ancien Pathelin. *Dieu y soit!*
Le Drappier. *Et dieu vous doint joye!* S. 25.
Nouveau P.: *Et dieu vous doint joye, nostre maistre!*
Le Pelletier: *Dieu vous doint joye!* S. 145.

²) Ancien P. *Dieu sera
Payé des premiers, c'est raison,
Vecy ung denier; ne faison
Rien qui soit où dieu ne se nomme.* S. 33.
Le Drappier. *Par dieu, vous estes un bon homme.*
Nouveau P. *Il convient bailler (c'est raison)
Le denier à dieu; ne faison
Marché de quoy dieu n'ait sa part.*
Le Pelletier. *C'est raison d'y avoir regard,
Et dictes comme homme de bien.* S. 144.

³) Ancien P.
Le Drappier. *Alez devant: sus je yray doncques
Et le porteray.*
Pathelin. *Rien quiconques!
Que me grèvera il? pas maille,
Soubz mon eselle.*
Le Drappier. *Ne vous chaille:
Il vault mieux, pour plus honeste,
Que je le porte.* S. 38.
Nouveau P.
Pathelin. *Le porteray je...*
Le Pelletier. *Rien quelconques,
Il n'y a rien qui soit pesant
Ne vous chaille; j'en porteraye
Bien plus.* S. 148 und 149.

⁴) Ancien P. *... je sçay aussi bien chanter
Au livre, avecques nostre prestre.
Que se j'eusse esté à maistre
Autant que Charles en Espaigne.* S. 21.

Den plumpen Machinationen Patelin's entsprechend ist der Pelzhändler viel alberner gezeichnet als Joceaulme, und diese Albernheit wird zur Rohheit in dem Streite desselben mit dem Priester in der Kirche. Durch diese Szene wird recht deutlich, wie tief der Dichter dieser Farce unter dem der alten steht. Es ist doch gewiss ein Zeichen grosser sittlicher Indifferenz, entweder für den Dichter oder sein Publikum oder für beide Teile, wenn eine Szene wie diese, in der die kirchlichen Gebräuche dem Gelächter preisgegeben werden und in der Kirche der Priester in Amtstracht dem Pelzhändler die gröblichsten Schimpfwörter in das Gesicht schreit und von diesem dieselbe Behandlung erfährt, geschrieben werden und Beifall finden konnte. Wenn auch die Gerichtsszene des alten Stückes, die jedenfalls das Vorbild dazu gewesen ist, inbezug auf den darin herrschenden Ton dieser wenig nachgibt, so ist dort die Örtlichkeit eine solche, welche eine üble Deutung gar nicht zulässt.

In Anbetracht dieser Bemerkungen ist es nicht zu verwundern, wenn Génin, der sich sein ganzes Leben hindurch mit der alten Farce beschäftigte und die Reize derselben wohl wie kein anderer hat auf sich wirken lassen, erklärt: *Je ne parlerai guère que pour mémoire de deux imitations de la farce de Patelin en français; toutes deux, à mon avis, postérieures de beaucoup à l'original, et plus inférieures encore en mérite.*[1]) Doch ist dieses Urteil ebenso wie unsere eigenen Ausführungen bei einer Betrachtung vom Standpunkte der alten Farce aus abgegeben. Verlässt man diesen, so wird man sich der Einsicht nicht verschliessen können, dass trotz alledem der Neue Patelin, eben weil der alte so hoch über allen gleichzeitigen, ähnlichen poetischen Erzeugnissen steht, einen hervorragenden Platz unter den litterarischen Produkten jener Zeit einnimmt.

Werfen wir nun auch einen kurzen Blick auf die von Génin erwähnte zweite Nachahmung der Farce Patelin.

2. Le Testament de Patelin.

Patelin ist alt geworden, seine Gesundheit ist erschüttert, aber trotzdem will er sich noch in den Gerichtssaal begeben.

Nouveau P. Le Pelletier au Prebstre:
Vous estes plus traistres que Ganes,
Dangereux et mauvais trompeurs. S. 169.
Testament de P. Pathelin:
Se se mouroye tout maintenant
Je mourroye de la mort Rolant.
(nämlich: *de soif.*) S. 189

1) S. 71.

Unterwegs überfällt ihn aber seine Schwäche derartig, dass er umzukehren gezwungen ist. Er bittet Guillemette, den Apotheker und den Geistlichen zu holen. Als diese erscheinen, redet der Kranke, wie bereits in Todesangst, allerlei verkehrtes, komisches Zeug, so dass der Apotheker die Wertlosigkeit seiner Arzeneien sofort erkennt. Der Curé, Messire Jehan, fordert den Sterbenden auf, zu beichten; dieser rafft hierzu noch einmal seine Kräfte zusammen und diktiert dann, immer noch zum Scherzen aufgelegt, ein humoristisches Testament nach Art Villon's. Er thut noch seinen Willen darüber kund, wo er begraben zu sein wünscht, sagt seine Grabschrift und stirbt.

Das kleine Stück hat keine Intrigue und nicht die geringste dramatische Verwickelung; es ist eine Art moralischen Epilogs zu den beiden grossen Farcen. Es war das Bedürfnis vorhanden, das Leben des humorvollen und allgemein beliebten Maistre Pierre harmonisch ausklingen zu lassen, ein Bedürfnis, dem auch der englische Dichter genügte, wenn er den seiner Zeit eine ähnliche Rolle wie Patelin spielenden Falstaff trotz seiner bösen Streiche eines seligen Todes sterben lässt. Ein versöhnender Zug geht durch das ganze Stück, alle treten Patelin freundlich und liebevoll entgegen, gleichsam aus Dankbarkeit für die schönen Stunden, die der Held der beliebten Komödie ihnen bereitet.

Einige Anklänge an die alte Farce finden sich. Als nämlich Patelin zur Gerichtssitzung gehen will, bemerkt Guillemette, dass er sich zu sehr anstrenge und trotzdem bis jetzt noch nichts habe sparen können.[1]) Und auf dem Sterbelager beichtet er dem Priester den an Joceaulme begangenen Betrug; dabei kann er immer noch nicht seinen Ärger darüber unterdrücken, dass er vom Schäfer überlistet worden ist.[2])

---

[1]) *Vous vous troublez d'advocasser,*
Et ne povez rien amasser
Pour procès que à mener avez. S. 183.

[2]) Pathelin. *C'est du Drappier*
Duquel j'eus cinq, dis-je, six aulnes
De drap, que en beaulx escus jaulnes
Luy promis et devoye payer
Incontinent, sans delayer.
Ainsy fut-il de moy content.
Mais je le trompay faulcement,
Car oncques il n'en reçeut croix,
Ne ne fera jamais.
Messire Jehan. *Et du Bergier...?*
Pathelin. *Parler n'en ose.*
Messire Jehan. *Pourquoy cela?*
Pathelin. *Pour mon honneur,*

3. Patelin, comédie en trois actes et en prose par Brueys et Palaprat.

Ein Zeichen für den Wert der Farce Patelin ist es, dass noch im XVIII. Jahrhundert ein namhafter Dichter, der Abbé Brueys, sich bewogen fühlte, diese zur Grundlage eines modernen Lustspiels zu machen.[1]) Dasselbe wurde im Jahre 1700 ausgearbeitet, seine Aufführung jedoch durch den spanischen Erbfolgekrieg bis zum 4. Juni 1706 verzögert.[2]) Da es ebenso wie der *Henno* eine kunstgemässe Komödie ist, wurde auch hier ein Liebesverhältnis eingewebt und zwar einerseits zwischen Valère, dem Sohne des Tuchhändlers und Henriette, der Tochter Patelin's, andererseits zwischen Colette, der Magd Patelin's und Agnelet. Der Inhalt scheint uns deshalb Interessantes und Originelles genug zu bieten, um hier angeführt werden zu können.

Patelin spricht in einem Eingangsmonologe den Entschluss aus, sich um jeden Preis einen anständigen Anzug zu verschaffen, um durch seine schäbige Kleidung nicht die Freier seiner Tochter abzuschrecken und die spöttischen Bemerkungen der Leute und seiner Frau zu veranlassen. Er tritt auf die Seite, da Madame Patelin und Colette kommen, welch letztere auf die gebieterische Frage ihrer Herrin gesteht, dass Henriette ein Liebesverhältnis mit Valère habe. Sie entfernt sich; Patelin tritt hervor und thut seiner Frau auf deren missbilligende Äusserungen über sein Gewand den Entschluss kund, sich Tuch zu einem Anzuge verschaffen zu wollen. Die Frau bezweifelt jedoch die Ausführbarkeit dieses Entschlusses. Bevor der Advokat in den Laden des Tuchhändlers Guillaume eintritt, belauschen wir noch eine Unterhaltung zwischen diesem und seinem Sohne. Er macht letzterem den Vorwurf, mit dem Schäfer Agnelet bei dem heimlichen Verkaufe von Schafen unter einer Decke zu stecken, um die Mittel zu Geschenken zu erhalten, die er seiner Geliebten mache. Valère stellt das entschieden in Abrede, und Guillaume will nun Agnelet verklagen. Da tritt Patelin in den Laden. Nachdem er den Kaufmann willfährig gemacht hat durch die Nachricht, dass er in seinen Büchern eine Schuld seines — Patelin's —

Messire Jehan. *Et hardyment?*
Bathelin.   *Mon deshonneur*
      Si y perdroit à tousjours-mais,
Messire Jehan. *Et comme quoy?*
Pathelin.   *Pour ce qu'en Bée*
    Il me paya subtilement. S. 200—201.

[1]) Vgl. *Œuvres choisies de Brueys et de Palaprat*, Paris (Didot), 1811, II. S. 1—63.
[2]) Vgl. Einleitung, S. 8.

Vaters an Guillaume's Vater im Betrage von 300 Dukaten gefunden habe, die er als anständiger Mann zurückzahlen wolle, lockt er ihm durch dieselben Mittel wie in der alten Farce das Tuch ab und ladet ihn ebenso wie dort zum Essen ein. Die folgenden Szenen behandeln den bekannten Streit des Tuchhändlers mit Agnelet und das Frohlocken Patelin's über den gelungenen Schwindel. Dazwischen treten Valère und Henriette kurz auf; letztere beschwört ersteren, doch von ihr zu lassen, so lange sein Vater nicht die Einwilligung zu ihrer Verbindung gebe.

Zu Anfang des zweiten Aktes rüstet sich der Tuchhändler zu seinem Gange nach Patelin's Wohnung. Er tritt dort ein, erhält aber die verblüffende Nachricht, dass Maître Pierre schon längere Zeit krank darniederliege. Man habe ihn eben, um sein Bett in Ordnung zu bringen, auf einen Sessel an die Thüre des Nebenzimmers gesetzt. Im selben Augenblicke kommt der Kranke hereingerannt und macht in seinem fingierten Delirium das tollste Zeug. Zuletzt schreit er: „Diebe, Diebe!" und greift nach seiner Hellebarde. Dieses Geschrei verscheucht nun zwar Guillaume, lockt aber auch den Richter des Ortes, Bartolin, herbei, bei welchem sich Patelin, dessen Delirium schnell verflogen ist, zu entschuldigen sucht.[1]) Er entfernt sich mit diesem, da Colette und Agnelet auftreten, welcher auf ersterer Rat Patelin als Advokaten annehmen will. Es folgt die Verhandlung zwischen ihm und Patelin, die nur in dem Punkte von der alten Farce abweicht, dass der Schäfer auf den Rat Colette's wissentlich den Namen seines Herrn verschweigt.

Als Patelin in der Gerichtsszene, die den letzten Akt eröffnet, den wahren Sachverhalt erfährt, will er Agnelet durchaus nicht verteidigen, wird aber vom Richter dazu gezwungen. Er führt nun an, dass der Schäfer einmal beim Abschlachten eines Hammels von dem Tuchhändler Guillaume ertappt und derartig auf den Kopf geschlagen worden sei, dass er seitdem an Blödsinn leide und sich trepanieren lassen müsse. Agnelet bestätigt dies, indem er immer *Bée* schreit. Die Szene verläuft im übrigen wie bekannt, ebenso die folgende zwischen Patelin und dem Schäfer. Den zornigen Advokaten sucht nun Colette dadurch zu beruhigen, dass sie ihm verspricht, die Heirat zwischen Valère und Henriette zu bewerkstelligen. Sie schlägt deshalb vor, das Gerücht zu verbreiten, Agnelet sei an der Trepanation gestorben, der er sich wegen der rohen Behandlung

---

[1]) Hier gebraucht der Richter, wahrscheinlich in Anlehnung an das alte *Advocat soubz l'orme,* in Bezug auf den mit der Hellebarde nantirenden Patelin den Ausdruck *Avocat sous les armes.*

von Seiten des Tuchhändlers habe unterziehen müssen. Die Sache kommt zu den Ohren des Richters, und als dieser noch an das Bett Agnelet's geführt wird, auf welchem er schaudernd des Schäfers verstümmeltes Haupt, das, wie sich später herausstellt, ein blutrünstiger Kalbskopf ist, erblickt, lässt er ohne Besinnen den Tuchhändler als den Mörder des Schäfers verhaften, verspricht ihm aber auf Betreiben Patelin's und Colette's die Freiheit, wenn er den Ehekontrakt seines Sohnes mit seiner — des Richters — Pate Henriette, der Tochter Patelin's, unterzeichne. Anderenfalls würde er ohne Umstände aufgehängt. Notgedrungen gibt der Tuchhändler seine Unterschrift. Da wird Agnelet gebracht, den Bauern in einer Scheune aufgegriffen haben, und Guillaume will mit Zustimmung Bartolin's den Ehekontrakt sofort zerreissen. Aber Patelin verlangt jetzt die Auszahlung von 10000 Dukaten, die er nach einer für diesen Fall in den Kontrakt eingeschobenen Klausel zu fordern habe. Der Tuchhändler ergibt sich in das Unvermeidliche und das Stück schliesst mit dem Geständnis Valère's, dass Agnelet die Hammel auf seine Veranlassung getötet und verkauft habe, was den Vater ausrufen lässt:

Me voilà bien payé de mon drap et de mes moutons!

Indem wir jetzt auf eine nähere Untersuchung des Stückes eingehen, betrachten wir zunächst die männlichen Charaktere, wie diese sich uns im Unterschiede zu den entsprechenden der alten Farce darstellen. Patelin wird uns schon deshalb anders als dort erscheinen müssen, weil er hier zum Familienvater und Gemeindemitglied gemacht, seine Handlungsweise dadurch gewissermassen erschwert wird, und die Folgen derselben für ihn in den erwähnten Eigenschaften von weittragender, schlimmer Bedeutung werden können. Zeigt er sich nun dadurch, dass er trotzdem diese schlimmen Folgen von sich abwendet, als ein Mensch von grosser Schärfe und Elastizität des Geistes, so gehen ihm gerade deshalb andererseits diejenigen frischen, rein menschlichen Züge des alten Patelin ab, durch welche uns dieser so unwiderstehlich gewinnt. Er ist im Rahmen dieses Stückes eine äusserst humoristische und lebensvolle Gestalt, aber er ist nicht mehr der prächtige Schwindler des XV., sondern der spitzfindige Winkeladvokat des XVIII. Jahrhunderts, der durch seine genaue Kenntnis des Gesetzes gerade das Gesetz zu umgehen weiss. Diese letztere Eigenschaft tritt in beinahe abstossender Weise in der letzten Szene hervor, als er den sorglosen und mit den gerichtlichen Formalitäten wenig vertrauten Tuchhändler durch die knifflige Abfassung des Ehekontraktes vollständig in seine Gewalt bringt. Ebensowenig kann er uns in dem Verhältnis zu Madame Patelin gefallen, der gegenüber er eine fast klägliche Rolle spielt.[1]) Den wahren alten Patelin zeigt er in dem fingierten Delirium und vor Gericht, in zwei Szenen, die, obgleich keine sklavischen Übertragungen der entsprechenden altfranzösischen, von ganz vorzüglich komischer Wirkung sind und jenen kaum nachstehen. Ist hier der frische Witz und Geist des alten Stückes bemerkbar, so ist dies viel weniger der Fall bei der Ausführung des Tuchbetruges; auch hier wie im Neuen Patelin fehlt die Feinheit der Überredungskunst. Wenn schon die Geschichte von den zu zahlenden 300 Dukaten auf eine ziemliche Beschränktheit des Tuchhändlers berechnet ist, so gilt dies noch viel mehr von den Schmeicheleien, die zuweilen so stark aufgetragen sind, dass sie an Ironie streifen.[2]) Dadurch dass sich

---

[1]) Madame Patelin. *Ah! le voilà!*
M. Patelin. *Oui.*
Madame Patelin, *Comme te voilà vêtu!*
M. Patelin. *C'est que ... je ... je ne suis pas glorieux.*
Madame Patelin. *C'est que tu es un gueux, et je viens d'apprendre que ta gueuserie rebute tous les partis qui se présentent pour notre fille.*
M. Patelin. *Vous avez raison.* A. I, Sz. 2.

[2]) M. Patelin. *Vous faites votre commerce avec une intelligence...*
M. Guillaume. *Oh! monsieur...!*
M. Patelin. *Avec une habileté merveilleuse!*
M. Guillaume. *Oh, oh! monsieur!*
M. Patelin. *Des manières nobles et franches qui gagnent le cœur de tout le monde.*
M. Guillaume. *Oh! point, monsieur!*
M. Patelin. *Parbleu! la couleur de ce drap fait plaisir à la vue.*
M. Guillaume. *Je le crois; c'est couleur de marron.*
M. Patelin. *De marron! que cela est beau! Gage, monsieur Guillaume, que vous avez imaginé cette couleur-là.*
M. Guillaume. *Oui, oui, avec mon teinturier.*
M. Patelin. *Je l'ai toujours dit, il y a plus d'esprit dans cette tête-là que dans toutes celles du village.*
M. Guillaume. *Ah! ah! ah!*

M. Patelin. *Vous étiez beau comme l'Amour.*
M. Guillaume. *Je l'ai ouï dire à ma mère.*
M. Patelin. *Et vous appreniez tout ce qu'on vouloit.*
M. Guillaume. *A dix-huit ans, je savois lire et écrire.*
M. Patelin. *Quel dommage que vous ne vous soyez appliqué aux grandes choses: savez-vous bien, monsieur Guillaume, que vous auriez gouverné un état?*
M. Guillaume. *Comme un autre...*

M. Patelin. *Vous souvient-il, monsieur Guillaume, d'un jour que nous soupâmes ensemble à l'Écu de France?*

Guillaume trotzdem damit fangen lässt, ist er zugleich im wesentlichen charakterisiert. Ausser dieser Beschränktheit ist an ihm noch Habgier und Geiz zu bemerken, welch letzterer ihn selbst seinen Sohn mit so wenig Mitteln versehen lässt, dass dieser gezwungen ist, ihn zu bestehlen.[1])

Ebenso wie der Charakter Patelin's hat sich auch derjenige Agnelet's etwas verändert. Auch dieser ist nicht mehr der dumm-pfiffige Bauernlümmel der alten Farce. Unter der Maske des Tölpels blitzt zuweilen der Gamin hervor, der mit bewusster Schlauheit seine Streiche vollführt. Er hat sogar Patelin schon einmal um seinen Lohn betrogen, weiss das aber, als er jetzt zum zweiten Male dessen Rat erbittet, ebenso zu verbergen, wie den Namen seines eigentlichen Herrn Guillaume, gegen den Patelin wahrscheinlich für ihn nicht plaidiert haben würde.[2])

Für die weiblichen Charaktere, zu deren Besprechung wir nun übergehen, bietet sich zum Vergleich mit der alten Farce nur das Weib Patelin's, Guillemette. Diese ist in unserem Lustspiele zur Madame Patelin geworden, und sie weiss diese ihre würdige und einflussreiche Stellung sofort gehörig zu kennzeichnen, indem sie gleich am Anfang des Stückes ihren Gemahl einen Lump heisst. Dadurch ist der Unterschied dieser Figur und der alten im wesentlichen angezeigt; von Guillemette, der fröhlichen und bereitwilligen Helferin und Gesinnungsgenossin

---

M. Guillaume. *Le jour qu'on fit la fête du village.*
M. Patelin. *Justement: nous raisonnâmes à la fin du repas sur les affaires du temps; que je vous ouis dire de belles choses!*
M. Guillaume. *Vous vous en souvenez?*
M. Patelin. *Si je m'en souviens? Vous prédites dès-lors tout ce que nous avons vu depuis dans Nostradamus.*
M. Guillaume. *Je vois les choses de loin.* A. I, Sz. 5.
[1]) Madame Patelin. *Mais où prend Valère de quoi faire ces présents? son père est un riche brutal, qui ne lui donne rien.*
Colette. *Oh! madame, quand les pères ne donnent rien aux enfants, les enfants les volent, cela est dans l'ordre; et Valère fait comme les autres.* A. I, Sz. 2.
[2]) M. Patelin. *Vous étiez deux frères que je garantis des galères; l'un de vous deux ne me paya point.*
Agnelet. *C'étoit mon frère.*
M. Patelin. *Vous fûtes malades au sortir de prison, et l'un de vous deux mourut.*
Agnelet. *Ce ne fut pas moi.*
M. Patelin. *Je le vois bien.*
Agnelet. *Je fus pourtant plus malade que mon frère. Enfin, je viens vous prier de plaider pour moi contre mon maître.*
M. Patelin. *Ton maître, est-ce ce fermier d'ici près?*
Agnelet. *Il ne demeure pas loin d'ici, et je vous payerai bien.* A. II, Sz. 6.

ihres Mannes ist in Madame Patelin wenig zu finden. Überall sehen wir sie eifrig darauf bedacht, die Würde ihres Standes anderen Leuten gegenüber zu bewahren. Sie spricht sich deshalb auch sehr missbilligend über die Zumutungen aus, die ihr von ihrem Gemahle inbezug auf dessen fingierte Krankheit gemacht werden, was dieser jedoch mit einer treffenden philosophischen Betrachtung zurückweist.[1])

Die vom Dichter neugeschaffene Colette ist die schablonenmässige Dienerin, wie sie im französischen Lustspiele noch bis tief in unser Jahrhundert hinein vorkommt. Durch ihren klugen Rat wird Patelin mit Agnelet versöhnt und der befriedigende Schluss des Stückes möglich.

Henriette ist eine sehr anständige Durchschnittsgeliebte, die überhaupt nur zweimal auf der Szene erscheint, einmal um Valère in üblicher Weise bei seiner Liebe zu ihr zu beschwören, nicht an sie zu denken, so lange ihm die Einwilligung seines Vaters zu ihrer Verbindung fehle; dann, um am Ende mit ihrem Geliebten vereinigt zu werden.

So unbedeutend nun dieses Liebespaar Valère und Henriette für den Verlauf der Handlung ist, so wird es doch gerade seine Aufgabe, am Schlusse den festgeschürzten Knoten zu allseitiger Zufriedenheit zu lösen und das Ganze in für uns wohlthuender Weise austönen zu lassen. Dass wir dieses Gefühl haben, muss unser allgemeines Urteil über dieses Lustspiel wesentlich unterstützen. Unserer Meinung nach ist nämlich zuzugestehen, dass, wenn einmal die alte Farce Patelin in ein modernes Lustspiel umgewandelt werden sollte, es nicht geschickter und ergötzlicher gethan werden konnte, als es durch Brueys und Palaprat geschehen ist.

Fassen wir die Resultate unserer Untersuchung noch einmal kurz zusammen. Der Grundgedanke der Farce Patelin ist in dem Erfahrungssatze ausgesprochen, dass ein Betrüger den anderen betrügt, er findet sich schon im Altertume. In einer in sich abgeschlossenen Dichtung ist er zum ersten Male eben in dieser Farce verarbeitet, nicht aber in einer als verloren ge-

---

[1]) *Madame Patelin. Il faut, malgré moi, que j'aide à t'en sortir; mais tu devrois rougir de honte de ce que tu m'as proposé de faire; et ce n'est point du tout agir en honnête homme . . .*
M. Patelin. Eh mon Dieu, ma femme, en honnête homme! Il n'est rien de plus aisé, quand on est riche, d'être honnête homme; c'est quand on est pauvre qu'il est difficile de l'être. A. I, Sz. 9.

gangen anzunehmenden *Commedia dell' arte.* Die französische Farce als eine originelle Schöpfung ist das Vorbild für Reuchlin's Lustspiel *Henno* geworden, von welchem Hans Sachs eine gute, Gregor Wagner eine schlechte deutsche Bearbeitung geliefert hat. Letztere liegt wahrscheinlich Wickram's Anekdote zugrunde. Das Luzerner Neujahrspiel ist eine selbständige Bearbeitung des *Henno* auf grund des Wagner'schen Textes. Ausserdem ist dabei noch italienischer Einfluss zu konstatieren. Ist ferner die Annahme zutreffend, dass Wagner Kenntnis von der Übersetzung des Hans Sachs erhalten hat, und so sein Werk von dieser beeinflusst ist, so bilden die Stücke von der Farce Patelin bis zum Neujahrspiele eine Kette, in der jedes ein Glied bildende Stück das Muster für das folgende abgegeben hat. Alle stehen mehr oder weniger tief unter ihrem Urbilde, was auch von den französischen Nachahmungen, vielleicht mit Ausnahme des Lustspiels von Brueys und Palaprat, gilt.

Wir können diese Arbeit nicht abschliessen, ohne noch zweier, auf die Farce Patelin bezüglicher Erscheinungen wenigstens Erwähnung gethan zu haben. Die Farce ist Anfang des XVI. Jhds. von dem Juristen Alexander Connibert in lateinische Jamben übertragen worden,[1] welche Übersetzung eine merkwürdige Erweiterung des Urtextes bietet. Der Übersetzer hat nämlich eine neue Gestalt, den *Comicus*, eingeführt, welche die Szene nie verlässt, obgleich sie nicht den geringsten Anteil an der Handlung nimmt. Unsichtbar für die andern Darsteller, ist dieser *Comicus* nur da, um ganz laut seine Glossen über Inhalt und Darstellung des Stückes zu machen. Er repräsentiert gewissermassen die Kritik des Publikums. So eigentümlich sich dieser Narr hier ausnimmt, so liesse sich doch gegen seine kritischen Bemerkungen nichts sagen, wenn diese geistreich und treffend wären. Das ist aber nicht der Fall. Sie sind oft derartig trivial, dass sie eher in den Mund eines jeden andern, nur nicht in den eines *Comicus* passen.

Endlich wurde im Jahre 1873 eine von E. Fournier gelieferte Übertragung der Farce Patelin ins Neufranzösische in der *Comédie Française* aufgeführt, doch soweit uns bekannt, ohne besonders grossen Erfolg. Und das ist unschwer zu erklären. Denn wenn auch die Komik des Patelin zu allen Zeiten, so lange eben der Charakter des Menschengeschlechts derselbe bleibt,

---

[1] *Comœdia nova quæ Veterator inscribitur, alias Pathelinus, ex peculiari lingua (Petri Blanchet) in romanum traducta elogium cum præfacione Ivonis Morelli.* Parisiis. Guillelmus Eustace. 1512. Wieder-abgedruckt von Colinæus 1543.

auf die Lachlust ihre Wirkung ausüben wird, so muss doch der neufranzösischen Übertragung etwas Unersetzliches fehlen. Es ist dies der poetische Hauch, der über dem Leben und Treiben des lustigen Advokaten ebenso liegt, wie etwa über dem unserer deutschen *varnden diet*, es ist die uns jetzt vollständig abhanden gekommene Poesie des Vagabundentums, welche viel weniger durch ein entsprechendes Kostüm, als vielmehr durch die Sprache der Zeit wieder hervorgezaubert werden kann.